배움의 공동체 수업 실천서

아이들의 배움은 어떻게 깊어지는가

아이들의 배움은 어떻게 깊어지는가

초판 1쇄 발행 2014년 1월 21일
초판 4쇄 발행 2019년 6월 15일

지은이 이시이 쥰지
옮긴이 방지현, 이창희
펴낸이 김승희
펴낸곳 도서출판 살림터

기획 정광일
편집 조현주
북디자인 시아

인쇄·제본 (주)현문
종이 월드페이퍼(주)

주소 서울시 양천구 목동동로 293, 22층 2215-1호
전화 02-3141-6553
팩스 02-3141-6555
출판등록 2008년 3월 18일 제313-1990-12호
이메일 gwang80@hanmail.net
블로그 http://blog.naver.com/dkffk1020

ISBN 978-89-94445-54-0 03370

배움의 공동체 수업 실천서

아이들의 배움은 어떻게 깊어지는가

이시이 쥰지 지음 | 방지현 · 이창희 옮김

살림터

"MANABIAU MANABI" GA FUKAMARU TOKI by Junji Ishii
Copyright © Junji Ishii 2012
All rights reserved
First published in Japan by Seorishobo Co., Ltd., Yokohama, Kanagawa, Japan

This Korean edition published by arrangement with Seorishobo Co., Ltd., Yokohama,
Kanagawa, Japan in care of Tuttle-Mori Agency, Inc., Tokyo through Access Korea
Japan Literary Agency, Seoul

친구의 말에 귀 기울이는 온화한 마음이야말로
'함께 배우는 배움'의 핵심

한국어판 번역, 출판에 즈음하여

당연한 이야기지만, 학교교육은 모든 아이들에게 배움이 일어 나도록 책임을 져야 합니다. 나아가, 깊이가 있는 배움이 일어나 도록 명심해야 합니다. 이는 '평등'과 '배움의 질'이라는 표현으 로 나타낼 수 있습니다. 지금의 학교는 이러한 원리를 함께 실현 시키는 교육을 목표로 할 필요가 있습니다. 이러한 수업이 구체 적으로 실현되기를 바라며 집필했던 졸저 『아이들의 배움은 어 떻게 깊어지는가』가 한국에서 번역, 출판을 앞두고 있습니다.

한국에서 '배움의 공동체'가 확산, 심화되고 있다는 것에 대 해서는 사토 마나부 佐藤 学 교수(현 가쿠슈인대학 学習院大学 교수) 로부터 익히 들은 바 있습니다. 여러분의 열정과 의지에 공감과 더불어 존경을 표합니다. 한국의 많은 분들이 저의 졸저를 읽어 주셔서 감사할 따름입니다.

제가 말하는 '함께 배우는 배움'이란 '배움의 공동체' 철학을 바탕으로, 모든 아이들의 배움을 보장하는 '함께 만들어 가는 배움'의 구체적인 모습을 그린 것입니다. 초등학교와 중학교 교사였던 저는 오랜 기간에 걸쳐 '함께 만들어 가는 배움'이 있는 수업을 실천하기 위해 노력해 왔던 경험에 기초해, 협동적인 배움의 구체적인 모습을 이와 같이 표현하기로 했습니다.

이 책을 읽으면서 느끼셨으리라 생각합니다만 아이들에 대하여, 배움에 대하여, 나아가 수업에 대하여, 저는 언제 어떤 경우라도 아이들의 배움에 애쓰는 교사의 시선으로 바라보고 싶습니다. 이는 어디까지나 실천하는 자로서 살아가고 싶다는 저의 희망에 따른 것이기도 합니다. 이러한 의미에서 지금, 아이들과 마주하고 있는 선생님들께서 이 책을 읽어 주시다니 정말 기

뽑니다. 일본뿐만 아니라 많은 한국 분들께도 이 책을 선보이게
되어 무척이나 감회가 새롭습니다.

이 책이 두 나라 아이들의 배움과 함께 배움의 심화에 기여하
고, 국가를 초월하여 퍼져 나가는 '배움의 공동체'의 진전에 조
금이라도 도움이 되길 진심으로 기원합니다.

마지막으로 이 책의 번역, 출판에 힘써 주신 방지현, 이창희
님께도 감사의 말씀을 전합니다.

2013년 11월 13일

이시이 쥰지石井 順治

학교를 전문적 학습 공동체로 만들기 위하여

이 책의 부제는 '배움의 공동체 수업 실천서'라고 되어 있는데 책의 내용과 참 잘 맞는다고 생각했다.

나는 장곡중학교 수석교사이다. 장곡중학교는 혁신학교로, 우리나라에서 공립학교로는 시범 사업이 아닌 일상적 수업 혁신의 방향으로 '배움의 공동체'를 도입하여 성공한 학교로 알려져 있다. 사실 알려진 것보다 질적으로 더 높은 수업을 하고 있다고 생각하고 이 책에서도 말하고 있듯이 '아이들이 함께 배우는 수업'을 통해 '학교를 배움의 공동체'로 만들었으며 나는 그 과정에 참여했던 사람으로서 이 책을 읽고 감회가 새로웠다.

사실 배움의 공동체를 도입하여 학교 개혁을 시도한 건 우리보다 이우학교가 몇 년 앞섰고, 공립학교에서도 시범학교로 시도한 학교가 있었다. 하지만 시범학교는 일정 기간 동안만 사업으로 진행되는 것으로 그 기간이 지나면 대개 끝나 버리고 말아 시범학교 사업이 교육 개혁으로 이어지는 것을 보기 어렵다. 그렇게 볼 때 이우학교의 수업 개혁에 대한 시도와 발전, 정착은 우리나라 교육사에 한 획을 긋는 것이었다고 생각한다.

이제까지 나의 경험에서 볼 때 교육 개혁을 위한 여러 가지 시도 중에서 가장 실현하기 어려운 것이 수업 개혁이다. 왜냐하면 수업을 개혁한다는 것은 교사 한 명 한 명이 바뀌지 않으면 안 되기 때문이다.

매번 시도되는 교육 개혁 정책이 실패하는 이유는 교사들의 변화를 이끌어 내지 못하기 때문이라 생각한다. 교사들은 도대체 무엇이 어떻게 달라져야 할까? 교사들의 변화는 바로 수업에서의 변화를 의미한다. 교사들이 자신의 수업에서 변화를 찾지 못한다면 그 어떤 개혁 정책도 의미 있게 실현되기 어렵다. 왜냐하면 수업이 달라진다는 것은 그만큼 학생들에게 영향이 크다는 것이고 수업을 통해 교사와 학생이 달라지지 않는 정책은 학교 개혁과 무관하기 때문이다.

생각해 보라. 7차 교육과정, 2009개정교육과정, 성취평가제, 자유학기제…… 수많은 정책이 쏟아져 나오고 있지만 이를 통해 교사들은, 아이들은, 학교는 크게 달라지지 않았다. 단지 변하는 것이 있다면 학교 현장의 '교육 계획서'뿐이다. 일제 수업이 효율성이란 이름으로 전국의 교실에서 행해지고 있는데도, 계획서와 보고서는 바뀐 정책대로 정부의 입맛에 맞게 생산된다.

교사들은 말한다. '입시가 있기 때문에 수업을 바꿀 수 없다.', '학부모들이 주입식 교육을 원한다.', '모둠 수업을 하면 바로 항의가 들어온다.'라고. 그래서 지금과 같은 일제식 수업을 바꿀 수 없다고. 이처럼 수업 개혁을 위한 현실적 조건은 아직도 열악하다. 그런 가운데 학생과 학부모를 설득하고 배움의 동반자로서 함께, 아이들이 배움의 의미를 찾아가도록 수업 혁신을 이루어 냈다는 점에서 이우학교나 장곡중의 실천은 각자의 특수성에도 불구하고 우리나라 학교 현장에 시사하는 바가 크다고 생각한다.

특히 일반 공립중학교로서 장곡중학교의 개혁은 많은 공립학교 교사들에게 '희망'을 주었다고 생각한다. 우리와 다를 것 없는 조건에서도 저렇게 수업 혁신이 가능하구나 하는. 무엇보다 교사들에게 가장 큰 희망은 수업 혁신을 통해 달라진 아이들과 교사들의 모습, 학교의 모습이 아닐까 한다. 즉 배우고 싶어 하는 아이들, 혼자 고립된 채 끙끙대기보다는 친구들과 함께 배우며 배움을 즐기는 아이들, 어떤 어려운 과제라도 도전해 보려는 아이들, 수업을 공개하여 서로에게 배우는 교사들, 동료성이 무엇인지를 처음으로 실감해 보는 교사들, 함께 배우는 문화가 정착된 학교…… 이런 변화가 '실제로 이루어진다'는 것은 어떤 화려한 교육이론이나 정책에서도 기대할 수 없었던 그야말로 '희망'인 것이다.

몇 년간 나 스스로가 이러한 변화를 경험하였고 현재 많은 교사들과 협력하여 이러한 변화를 추구하고 있는 사람으로서 이 책 『아이들의 배움은 어떻게 깊어지는가』가 앞으로 우리 교사들이 꿈꾸는 '희망'으로 안내하는 길라잡이 역할을 하겠구나 생각했다.

왜냐하면 '배움의 공동체'라 하든 '배움 중심 수업'이라 하든 현재 모델이 되고 있는 수업의 공통점은 '아이들이 배움의 주체가 되게 하는' 수업이라는 것이기 때문이다. 그 실천 방법으로 모둠 학습이 진행되는 경우가 많다. 물론 수업의 방법은 다양하며 특정 형식의 수업만이 바람직하다는 것은 아니다. 오히려 수업의 목표가 확실할수록 교사들은 수업 방식에 매이지 않게 된다. 하지만 이 책에서도 강조하고 있듯이 모둠 학습이 아이들의 배움을 깊게 하는 데 큰 역할을 하는 것은 사실이다. 그래서 많은 교사들이 이 책의 저자가 추구하는 '함께 배우는 배움'을 실현하고자 하지만 막상 실천 과정에서는 생각보다 어려운 문제가 많이 발생하는 것을 경험한다.

이제 처음 배움의 공동체 수업을 도입하려는 학교에서는 4년째 배움의 공동체 수업을 실천해 온 우리 학교에 '이런 게 우리도 가능할까요?'라고 묻는다. 그런데 배움의 공동체 수업을 이미 도입하여 진행하고 있는 학교의 교사들은 이제 우리에게 다른 것을 묻는다.

"모둠 학습을 도입했더니 처음 몇 달간은 아이들의 참여도 활발했는데 갈수록 회의가 들어요. 아이들이 뭔가 활발하게 대화는 하고 있는 것 같은데 이 아이들이 정말 '배우고 있는 걸까.' 하는 생각이 들어요. 또 배움이 쌓여 간다는 느낌이 안 들어요."

"배움의 공동체 수업이 어느 정도 정착되었다고 생각하는데 그 다음 단계에 도전하고 싶어요. 즉 점프가 있는 배움, 질적으로 높은 수업에 도전하고 싶은데 어떻게 해야 하나요?"

"깊이 있는 배움이 일어나려면 도전 과제를 주어야 한다는데 어떻게 만들고 언제 시도해야 하는지 잘 모르겠어요."

"수업 공개와 연구회 계속해야 할까요? 처음에는 배움의 공동체 수업 연구회가 신선했는데, 지금은 식상해요. 매일 똑같은 얘기, 애들 얘기, 누구는 이런 이야기를 했고, 누구는 이런 반응을 보였고…… 몇 번 하다 보면 항상 같은 유의 이야기예요. 그래서 왜 이걸 계속해야 하나 하고 갈등해요."

"공개 수업 때는 잘하는 애들이 정작 수업 시간에 모둠 활동을 하라고 하면 늘 다른 이야기를 해요. 통제할 수가 없어요. 활동을 하라고 하면 웃으면서 '저 활동하고 있거든요.' 하면서 버젓이 다른 이야기를 계속해요. 그런 모습을 보면서 참아야 하는지 제재해야 하는지 모르겠어요. 그럴 때 일제식 수업이 더 낫겠다는 생각이 들어요."

이런 고민들은 수도 없이 이어진다. 그런데 먼저 시도해 본 나로서는 어쩌면 이런 고민들은 우리가 수업 혁신을 통한 학교 개혁에 진정으로 도전하고 있다는 증거가 아닐까 한다. 아이들도 내용을 어느 정도 알아야 질문이 생기듯 교사들도 정말 배우려는 마음가짐이 있을 때 생기는 것이 당연하다고 생각한다. 다만 이렇게 도움을 요청할 때 누군가 그 길을 앞서 가 본 사람이 있어 그의 경험을 참고할 수 있다면 얼마나 좋을까 하고 있었는데 마침 이 책이 나오게 되어 다행이라고 생각했다. 앞에서 한 질문의 답이 다 '이 책에 들어 있다.' 우리와 같은 교사로서 현장에서 오랜 기간 시행착오를 겪으며 깨달아 간 저자 이시이 선생님의 경험담은 단순한 경험담으로 그치지 않으리라 생각한다.

그래서 이 책의 제목은 '아이들의 배움은 어떻게 깊어지는가'

이다. 옮긴이도 후기에서 말했듯이 이 책은 배움의 공동체 수업에 관심을 갖고 시도해 본 교사들이 그 과정에서 겪는 어려움에 답한 책이다. 즉 '아이들의 배움을 심화시키고 싶은' 많은 교사들이 궁금해하던 내용이 이 책에 고스란히 담겨 있다. 나는 무엇보다 이런 질문에 답해 가는 저자의 친절하고도 애정 어린 조언에 감동했다. 학자의 정교한 이론이 아닌 교사로서 아이들을 잘 아는, 실천 경험이 있는 동료 교사가 친절하게 안내해 주는 것이다. 이 책을 따라가다 보면 전문적 학습 공동체가 무엇인지, 깊이 있는 수업을 어떻게 만들어 내는지, 점프 문제는 어떤 것인지, 모둠 학습은 왜 필요하며 어떨 때 어떻게 도입해야 하는지가 상세하게 나온다.

수업을 깊이 있게 하고 싶은 교사들이라면 반드시 한 번은 만나야 하지 않을까 하며 이 책의 출판을 진심으로 환영한다.

2014년 1월
박현숙
(장곡중학교 수석교사)

와, 재밌다!
선생님이 안내하는 과제에 아이들의 마음이 움직인다.

읽는다는 것은 생각하는 것, 말의 세계를 맛보는 것, 배움의 문을 여는 것

차례

1장
'함께 배우는 배움"의 성립과 심화

■ 저자는 '学び合う学び'라는 표현을 사용하고 있는데 우리말로는 '함께 배우는 배움'이라고 할 수 있다. 번역했을 때 다소 어색한 감이 있는데 우리나라에서는 '배움의 공동체', '배움의 공동체 수업', '배움 중심 수업'이라는 말에 더 익숙할 것이다. 하지만 '배움의 공동체'는 엄밀히 말하자면 학교의 지향점을 의미하므로(저자는 이 점을 구별하여 썼다) '배움의 공동체'를 실현하기 위한 교실에서, 아이들의 구체적인 '배움'을 표현하는 데는 저자의 표현대로 '함께 배우는 배움'이 더 적절하다고 생각하여 그대로 쓰기로 했다. 때로는 문맥에 따라 '함께 만들어 가는 배움', '함께하는 배움', '협동적 배움'과 같은 표현을 사용하기도 했다.

있잖아, 여기, 이렇게 하는 거 아냐?
서로 배우는 관계 속에서 모든 아이들의 배움이 실현된다.

1. '함께 배우는 배움'이란?

(1) '함께 배우는 수업'과 '함께 배우는 배움'

아이들이 서로 생각과 의문을 주고받으며 배우는 것이 바로 '함께 배우는 것'입니다. 그리고 이처럼 함께 배우는 과정이 있는 수업을 말 그대로 '함께 배우는 수업'이라고 합니다. 예전에는 저도 그렇게 말해 왔습니다. 하지만 몇 년 전부터는 '함께 배우는 배움'이라고 표현하게 되었습니다.

'수업'이라는 말은 교사가 교실에서 하는 일을 나타내는 용어로 정착되어 지금까지 어떤 학습 방법을 취하든 관계없이 늘 그렇게 불리어 왔습니다. 저 또한 당연하게 그렇게 불렀습니다. 그럼에도 불구하고 '함께 배우는' 다음에 이어지는 말로 '수업'이 아니라 '배움'이란 말을 쓰기로 했습니다. 왜냐하면 그렇게 부르는 것만으로도 '아이들의 배움'을 의식할 수 있을 것이라고 생각했기 때문입니다.

그러면 제가 말하는 '함께 배우는 배움'은 '함께 배우는 수업'과 어떻게 다를까요. 교실에 모인 아이들이 서로의 의견을 듣고, 함께 생각하는 것이 '함께 배우는 것'이므로, 함께 배운다면 '수업'이라 하든 '배움'이라 하든 큰 차이가 없어 보일 것입니다. 하지만 저는 단 두 글자 차이일지라도 '함께 배우는 배움'과 '함께 배우는 수업'에는 본질적으로 큰 차이가 존재한다고 생각합니다.

'수업'은 글자 그대로 '학문 혹은 기술 등 무엇인가를 가르쳐 주는 것'입니다. 즉, 교사가 아이들에게 전수하는 활동입니다. 이 경우 행위의 주체는 '교사'가 됩니다. 이에 반해 '배움'의 주체는……. 이미 알고 계시겠지만 '함께 배운다는 것'은 일방적으로 교사가 가르쳐 주는 것을 받는 게 아니라 서로 지혜와 생각을 나눔으로써 배우는 것이므로 이 경우 행위의 주체가 '배우는 아동'입니다. 물론 교사가 반드시 가르쳐 주어야 하는 것도 많이 있습니다. 그러나 가르침이란 아이 자신이 배워 가기 위해 필요한 것이어야 합니다. 즉 아이는 교사로부터 배운 것을 바탕으로 스스로 배움의 세계를 헤쳐 나갑니다. 이는 교사가 아이의 배움의 촉진자, 지원자라는 것을 의미합니다. 이런 의미에서

'함께 배우는 수업'보다는 '함께 배우는 배움'이 적절하다고 생각한 것입니다.

단지 부르는 방법의 문제가 아닌가 할 수도 있으나 실은 그렇지 않습니다. '수업'이라고 부르는 한, 교사의 시선이 아이의 배움으로 향하지 않을 우려가 있기 때문입니다. 실제로 '함께 배우는 수업'이라고 불리는 수업에서는 아이들에게 탐구하는 배움이 일어나지 않으며 형식적으로만 함께 배우는 모습이 나타나는 경향이 있습니다. 아이들 안에서 서로 배우는 관계가 형성되지 않고 교사에 따라서 형식만 취하고 있다고 하면 너무 지나친 것일까요? 그렇다 해도 어쩔 수 없는 수업은 얼마든지 있습니다. 용어를 애매하게 사용한다면 그만큼 애매해지기 때문에 이처럼 표면적이고 형식적인 수업이 넘쳐나는 것입니다.

저는 교사가 해석하고 준비한 것을 아이에게 일방적으로 가르쳐 주는, 지식 전달형 일제 지도식 수업(이후 일제 수업이라고 표기함)으로는 아이들이 미래를 개척하는 학습 능력을 키울 수 없다고 생각합니다. 필기시험에서 아무리 좋은 성적을 받았다 해도 마찬가지입니다. 진정한 학습 능력이란 주어지는 것이 아니라 '습득'하는 것이라고 생각하기 때문입니다.

아이가 사고하고 탐구하여 알아냈을 때 그것은 아이 안에 강력하게 뿌리를 내리게 됩니다. 이처럼 아이에 의한 배움을 가능하게 하는 것이 바로 '함께 배우는 것'입니다. 그것을 목표로 하기 때문에 우리들은 어디까지나 아이의 눈높이에서 생각해야 하며 따라서 '수업'이 아니라 '배움'으로 표현하기로 했습니다.

(2) '함께 배우는 배움'의 기본 요건

'함께 배우는 배움'에는 필수 기본 사항이 몇 가지 있습니다. 그것은 일정한 형식의 지도 방법을 말하는 것이 아닙니다. 한마디로 '함께 배우는 배움'에는 정해진 방법과 방식이 존재하지 않습니다.

저는 오히려 일정한 형식을 의식하면 할수록 매력적인 배움이 일어나지 않는다고 생각합니다. 그러나 일본의 교사들은 형식에 얽매이는 경향이 있습니다. '어떤 지도 과정을 택할 것인가, 어떤 형식으로 배우게 할 것인가'와 같은 '수업 방식'에 더 관심이 있기 때문입니다. 그것도 나름 의미가 있겠지만 형식에 얽매이면 결과적으로는 내실이 없는 수업, 또는 있다 해도 '힘'이 없는 수업이 되기 쉽습니다.

그런 의미에서 '함께 배우는 배움'에서는 지도 과정과 방법을 정하여 그것에 끼워 맞추려 하지 않습니다. 그러나 그러한 배움이 어떻게 실현되어야 하는가라는 기본 원칙은 존재하며 그것이 바로 '함께 배우는 배움'의 성립 조건이 되는 것입니다. 지금부터 그 기본 사항에 대해 말씀드리겠습니다.

❶ 일제 수업에서 벗어나기

'함께 배우는 배움'에서 가장 중요한 점은 교사의 수업을 전환시켜 일제 수업이 아니라 본래의 '배움'을 실현한다는 데에 있습니다. 메이지 시대 이래 일본에서는 효율적인 수업 방식으로 일제 수업을 많이 해 왔습니다. 여러 가지 변화가 있었지만 일본 교사들의 일제 수업에 대한 신봉은 여전히 뿌리 깊기 때문에 일제 수업이 아직도 건재하다고 해도 과언이 아닙니다.

교사가 학급 전체의 아이들에게 무언가를 가르치려는 것이 좋지 않다는 것은 아닙니다. 하지만 일제 수업은 그 효율성에도 불구하고 아이들을 한데 묶어 기계적인 숙달과 암기를 요구하게 되므로 아이들에게 배움의 본질도 기쁨도 가져올 수 없습니다. 그 폐해에 대해서는 여기서 새삼스럽게 말할 필요도 없을 만큼 지적한 바 있습니다.

우리 교사들은 이러한 일제 수업을 극복하고 나아가 아이들에게 '배움'의 참모습을 불러일으켜야 합니다. '아이가 배움의 주체가 되게 하는 것'이라는 어쩌면 당연한 일을 실현하자는 것입니다. 이제 일제 수업에서 벗어나는 것은 피할 수 없는 일입니다.

일제 수업에서 벗어날 때 교사가 가르치는 모습이 아니라, 아이가 생각하고 활동하는 모습이 자연스럽게 떠오를 것입니다. 그것은 바로, 아이들이 서로 이마를 맞대고 지혜를 나누며 배우는 모습일 것입니다. 타인과의 관계 속에서 비로소 아이에게 양질의 배움이 일어나며 진정한 배움이 일어나기 때문입니다. 이것이 제가 그리는 '함께 배우는 배움'의 핵심입니다. 이렇듯 '함께 배우는 배움'은 교사로부터 가르침을 받는 일제 수업에서 탈피하여 아이가 스스로의 배움을 실현하는 가장 좋은 배움의 길입니다.

❷ 아이가 배움에 도전하게 하기

일제 수업에서 벗어난다는 것은 교사에 의한 수동적 전달의 배움에서 아이를 해방시켜 아이가 스스로 도전할 수 있도록 배움의 길을 열어 주는 것입니다. 어떤 과제나 어떤 교재를 대할 때 자신이 어떻게 생각하는지, 즉 무엇을 알고 싶고 무엇을 잘 모르는지에 대하여 깊이 생각하는 것, 이것이 바로 아이가 배움에 도전하는 것입니다.

그러나 모든 아이들이 자기 혼자서 도전할 수는 없습니다. 이해하는 데 시간이 걸려 아이가 좌절할지도 모르고, 싫어하는 학습 내용이 나와서 의욕을 잃는 경우도 있기 마련입니다. 그렇기 때문에 아이들이 함께 배워야 합니다. 혼자서는 해낼 수 없어도 친구와 연결되어 모든 아이들이 배움에 참여한다면 해낼 수 있기 때문입니다.

❸ 모둠 학습을 기본 축으로 하기

아이들이 함께 배울 때는 필연적으로 아이들이 서로 배우는 관계를 맺으며 무언가에 대하여 함께 생각하고 탐구하게 됩니다. 그러나 몇 명의 아이가 어떤 식으로 관계를 맺느냐에 따라 다양한 양상이 나타납니다. 여러 명의 아이가 생각을 주고받는 경우가 있는가 하면, 소수의 아이들이 함께 생각하는 경우도 있습니다.

물론 학급 아이들 전체가 함께 배우는 것도 가능합니다. 하지만 가령 학급 인원수가 30명이 넘는다면 모든 아이가 자신의 생각과 의문점을 드러낼 수 있을까요? 아마 상당히 어려울 것입니다. 물론 배움이라는 것은 말로 드러나는 것만이 아니고 다른 사람의 생각에 귀 기울임으로써 더욱 심화되기도 하지만 인원이 많아질수록 직접적인 관계를 맺기 어려워집니다. 그렇기 때문에 모둠 학습을 도입하는 것입니다. 인원이 적을수록 아이들이 연결되기 쉬우며 많은 인원 속에서는 어려운, 사고와 탐구와 발견이 가능해집니다.

이처럼 모둠 학습은 아이 한 명 한 명이 도전하여 배울 수 있도록 하는 핵심적인 학습 방법입니다.

❹ 모든 아이들이 안심하고 참여할 수 있는 교실 만들기

이해 속도가 늦은 아이에게 '함께 배우는 배움'을 실현하는 교실은 편안한 공간입니다. 저는 "'함께 배우는 배움'이 모든 아이들이 안심하고 배울 수 있는 교실을 실현한다."고 말해 왔습니다. 비록 모르는 것이 있어도, 사고방식이 다르더라도, 곁에 친구가 있는 교실이란 이해하는 데에 시간이 좀 걸리는 아이가 참으로 안심하고 지낼 수 있는 공간이라는 점을 누구라도 알 것입니다.

그러나 이해 속도가 늦은 아이를 최저 수준에서 끌어올리기 위해 '함께 배우기'를 하는 것은 아닙니다. 앞에서 설명한 바와 같이 '배우다'라는 말의 어원은 '흉내 내다'인데 배운다는 행위에서 타인과의 관계는 필수 불가결합니다. 따라서 같은 반 아이들과 경쟁하기 위해 한 사람 한 사람이 열심히 하게끔 지도하는 방식으로는 진정한 배움을 이끌어 낼 수 없습니다. 즉 이해력이 뛰어난 아이도, 이미 알고 있는 아이의 경우에도 그렇지 않은 아이나 다른 사고방식을 지닌 타인과 관계를 맺음으로써 이해력이 더욱 풍부해져 새로운 발견으로 나아갈 수 있습니다. '함께 배우는 배움'은 이른바 학력이 높은 아이에게도 필요한 학습 방법입니다. 모든 아이의 배움을 보장하는 것이 바로 '함께 배우는 배움'이라고 할 수 있습니다.

❺ '서로 가르쳐 주는 것'이 아닌 '서로에게 배우기'

우리는 이러한 배움을 '서로 가르쳐 주는 것'이라고 곧잘 표현하지만, 이는 '함께 배우는 배움'과는 다릅니다. '서로 가르쳐 주기'에서는 '가르쳐 주는 것'이 중심이 되지만 '서로에게 배우는 과정'에서는 '배우는 것'이 중심이 됩니다.

'배운다'는 것은 마음을 열고 주변 사람들로부터 여러 가지를 받아들여 스스로를 풍요롭게 하는 것을 의미하며 배우고 싶은 의욕에서 일어나는 행동입니다. 이에 반해 '가르쳐 준다'는 것은 빨리 알게 된 아이가 아직 모르는 아이에게 구원의 손길을 뻗치는 것으로 상대방의 학습 의욕 유무에 관계없이 일방적으로 다가가는 행위입니다. 물론 '서로 가르쳐 준다'는 것은 서로서로 가르쳐 주는 것도 의미하지만 현실적으로는 가르쳐 주는 아이와 가르침을 받는 아이가 고정되기 쉽다는 문제가 있습니다.

저는 모든 아이들에게 배우고 싶은 욕구를 불러일으킴으로써 배움이 보장된다고 생각합니다. 이것은 가르침을 받는 아이가 고정되어 '가르쳐 주기 → 가르침 받기'라는 관계가 생기는 것이 바람직하지 않다는 것을 의미합니다. 그러한 관계는 어떤 의미에서 우월감과 열등감을 일으켜 많은 아이들의 학습 의욕을 시들게 할 우려가 있기 때문입니다. 물론 아이가 가르쳐 달라고 할 때는 가르쳐 주어도 좋습니다. 그렇지만 그것은 그 아이의 학습 의욕에 따라 생겨난 것이어야 합니다.

그러기 위해서는 모르는 것이 있어서 학습에 어려움을 겪는 아이, 친구의 생각과 견주어 보고 싶은 아이가 스스로 배우려는 마음가짐을 지니고 그것을 행동으로 옮기는 교실로 만들어야 합니다. 모르는 것이 있는 아이가 "모르겠어요."라고 말할 수 있는 교실로 만들어야 하는 것입니다. 이에 대해서 다음 장에서 상세히 설명하겠습니다.

❻ 아이들이 함께 '이야기한다'고 해서 '배우는 것'은 아니다

'함께 배운다'는 것은 단순히 '함께 이야기를 하는 것'과는 다릅니다. 함께 이야기를 하는 것도 함께 배우는 것의 한 요소이지만 일치하는 것은 아니기 때문입니다. 하지만 아이들이 함께 이야기를 나눌 수 있도록 해 주기만 하면 함께 배울 수 있게 된다고 착각하는 교사들이 많습니다. 여기에는 다음 두 가지 이유가 있는 것 같습니다.

그중 한 가지는 '함께한다'는 말에는 각자 생각을 나타내고 나눈다는 이미지가 있기 때문에 말로 하는 '함께 이야기하기'와 '함께 배우기'를 바로 연결시켜 버리는 경우입니다. 그것도 모둠으로 하는 활동이 아니라 학급 전원이 함께 이야기하는 것이 되기 쉽습니다. 오랫동안 일제 수업이 계속되어 온 일본에서는 아무래도 이렇게 생각하기 쉬운 것 같습니다.

이렇게 전체가 이야기하는 수업에서는 나온 아이디어에 대하여 함께 생각하지 않고 어떻게 대답하도록 할 것인가에 치중한 지도가 되기 쉽습니다. 그러므로 아이들이 각자 발언을 많이 하지만 발언이 서로 연결되지 않고, 함께 이야기를 나누고는 있지만 함께 배우고 있지는 않은 상태가 됩니다. 이러한 수업에서는 배움의 수준이 높아지지 않습니다.

물론 '함께 이야기하는 과정'을 통하여 깊이 있는 학습에 접근하려는 교사도 있습니다. 하지만 아이들이 발언하는 것을 의식하는 교사는 '모범 답안'과 같은 발언을 시키려 할 우려가 있습니다. 그렇게 되면 아무래도 대답을 하는 아이가 정해지기 쉽습니다. 이런 교실에서는 '함께 배우는 배움'에서 추구하는 '모든 아이가 안심하고 배울 수 있는 배움'이 일어나지 않습니다.

'함께 이야기하면 곧 함께 배우는 것'이라고 생각하게 되는 또 한 가지 이유는 교사가 함께 배우는 것과 배움과 관련된 사실을 아이의 말로부터 파악하려고 하기 때문입니다. 아이의 생각과 생각을 이어 주는 최고의 도구는 '말'입니다. 이는 틀림없는 사실입니다. 하지만 아이가 내뱉는 말만으로 지금 어떻게 배우고 있으며, 한 명 한 명에게 어떤 배움이 일어나고 있는지가 모두 드러나는 것은 아닙니다. 오히려 아이들의 머릿속에서 생기는, 말로 표현되지 않는 것, 말로 드러나지 않는 것에 배움의 실상이 존재하는 것이 아닐까요. 즉, 그 아이가 입으로 내뱉는 말만으로 배움에 관한 사실을 전부 파악할 수는 없습니다.

그렇지만 교사들은 아이들이 함께 이야기하고 있으면 함께 배우고 있다고 착각하곤 합니다. 그리하여 말하기 방법을 지도하는 데 기를 쓰고 있습니다. 이러한 교사들에게 결정적으로 부족한 점은 '배움'이라는 것이 개개인 내부에서 일어난다는 의식입니다. 함께 이야기하는 것의 표면에 드러나는 것만 보려고 하는 교사의 수업에서는 '반드시'라고 해도 좋을 만큼 배움의 수준이 떨어지며 배움에서 멀어져 가는 아이가 생기고 맙니다.

꽤 오래된 일이지만 한번은 이런 적이 있었습니다. 5학년 아이들과 츠보타 죠우지坪田 讓治 작가의 「팽이」(『바람 속의 아이』라는 동화책에 수록됨. 코미네 서점)라는 이야기를 읽었을 때의 일입니다. '쇼타'라는 아이를 잃은 부부는 쇼타가 갖고 놀던 팽이를 발견합니다. 팽이는 마麻로 만든 줄로 감겨 있었는데, 부부는 그 줄에서 쇼타의 생명을 느낍니다. 그리하여 팽이를 소중히 상자에 넣어 찬장 깊숙이 보관하고 있었는데 몇 년이 지나고 서야 쥐가 줄을 갉아 먹어 줄이 끊어져 버린 것을 알게 됩니다. 그리고 얼마 후 쇼타의 남동생이 그 팽이를 돌리게 되었다는 이야기입니다.

몇 차시에 걸쳐 수업을 하고 마지막 시간에 쇼타의 '남동생에게 팽이를 돌리게 한 부부'가 화젯거리가 되었습니다. 류이치라는 우리 반 아이는 그 수업 시간 동안 한 번도 발언을 하지 않았는데 그런 류이치가 그날 밤 깜짝 놀랄 만한 행동을 한 것입니다.

류이치는 그 무렵 해당 지역의 보호시설에 들어간 지 얼마 되지 않은 학생이었습니다. 류이치는 무척 외롭게 지내고 있었습니다. 그런 류이치가 소중히 간직해 온 것이 있었습니다. 그것은 전학 오기 전에 다니던 학교 친구들의 사진이었습니다. 류이치의 일기에는 '학교 가는 길에 구름을 보면 그 친구들도 이 구름을 보고 있겠지.'라고 생각한다고 쓰여 있었습니다. 그렇게 소중한 사진을, 그날 밤, 찢어서 버린 것이었습니다.

류이치는 이 사건에 대해 일기에 이렇게 썼습니다.

'내 마음속에 그 친구들이 있다.'

류이치는 쇼타의 모습을 찾으며 팽이에 매달려 왔던 부부가 쇼타의 남동생에게 팽이를 돌리게 함으로써 더 이상 죽은 아이에게 집착하지 않게 되었다고 해석한 것입니다. 류이치는 그 부부에게서 자신의 모습을 발견하고 자기도 과감히 실행했던 것입니다.

류이치가 누구보다도 이 이야기를 깊이 이해했다는 사실을 알았을 때 저는 감동으로 온몸이 떨렸습니다.

진정한 배움은 이 아이가 보여 준 것과 같이 말로 쉽게 나타낼 수 없는 것이라고 생각합니다. 오히려 말로 설명할 수 없는 세계에서 조용히, 그러나 격렬히 숨 쉬고 있는 것입니다. '배움'과 '함께 배우기'의 깊이를 그저 아이들의 대화하는 모습만으로 판단하는 것이 얼마나 어리석은지를 류이치의 이야기를 통해서 알 수 있습니다.

'함께 배우는 것'은 서로 이야기하도록 지도하는 것만으로는 생겨나지 않습니다.

❼ 말하기보다 듣는 것, 연결을 중시하기

다른 사람과 생각을 나누면서 배우는 '함께 배우는 배움'에서는 자신의 생각을 말하는 것도 중요하지만 다른 사람의 생각을 잘 듣는 것이 그 이상으로 중요합니다.

모둠 학습이든 전체 학습이든 아이들이 서로 말을 함으로써 배움이 진행되고 있는 것처럼 보이는 경우가 많습니다. 그러나 그것은 표면상의 것일 뿐 특정한 몇 명의 아이가 말한 것 자체를 두고서 '서로 배운다'고 할 수는 없습니다. 그 말 깊숙이에 있는 복잡한 생각이 이어지고, 관계되면서 함께 배우기가 성립하게 됩니다. 즉, 중요한 것은 '아이들이 얼마나 발언을 많이 했는가, 그 발언이 얼마나 뛰어났는가.'가 아니라, '아이들이 얼마나 귀 기울이는가, 들은 것을 어떻게 관련짓고 있는가.' 하는 것입니다.

그것은 앞에서 말씀드린 것과 같이 표면상으로 드러나는 말뿐만 아니라 아이의 내면에서 생겨나는 것을 소중히 해야 함을 의미합니다. 다른 사람의 생각에 귀를 기울이고 자신의 생각과 비교하면서 거기에서 무언가 작용이 일어나는 것, 표면으로 드러나지 않는 사고에 '함께 배우는 것'의 원천이 있기 때문입니다. 물론 생각을 마음속에 갖고 있기만 해서는 함께 배워 갈 수 없습니다. 말로 하든, 다른 수단을 사용하든, 서로의 생각을 교류함으로써 막힘없이 흐르게 하지 않는다면 '함께하는 것'의 세계에는 이를 수 없습니다.

그렇다면 '듣는 것' 다음으로 중요한 것은 '연결하기'입니다. 친구들의 말을 들은 후 새롭게 알게 된 것을 표현하고 함께 탐구하며 서로의 생각에 영향을 주는 것이 '함께하는 배움'이며 이것은 '연결하기'를 통해 가능하기 때문입니다.

아이들이 발언하도록 하는 것만이 중요한 것은 아닙니다. 오히려 '아이들이 어떻게 듣고 있는가, 들은 것에서 어떤 변화가 일어나는가, 들은 것을 연결하여 어떤 탐구를 하게 되는가.'가 중요합니다. 함께 배우는 것을 단지 함께 이야기하는 것이라고 생각해 버리면 아무래도 배움의 본질을 잊어버리고 발언을 많이 했다든지, 어휘 사용이 적절했다든지 하는 말하는 방법에만 신경 쓰게 됩니다.

그렇게 하지 않으려면 '함께 배우는 것'과 '함께 이야기하는 것'을 같은 것이라 생각해서는 안 됩니다. 오히려 말하는 것보다 듣는 것을 중요시해야 합니다. 그런 다음 배운 것을 '연결'시키려고 하는 아이로 기르는 것입니다. 그러므로 '함께 배우는 배움'에서 가장 중요한 것은 '듣는 것'과 '연결하는 것'입니다.

❽ '함께 배우는 배움'은 서로 배우는 교실을 만든다

이 장 처음에 제가 '함께 배우는 수업'이라는 말 대신 '함께 배우는 배움'이라고 표현한 이유를 밝혔는데, 거기에는 실은 한 가지 이유가 더 있습니다. 그 이유를 지금에서야 밝히는 것은 '함께 배우는 배움'에서 중요한 것이 무엇인가를 우선 독자가 이해해 주었으면 하는 바람에서였습니다. 또 다른 한 가지 이유는 다음과 같습니다.

학교에서 교실이란 아이들이 생활하는 장소입니다. 교실에서 아이들은 수업뿐만 아니라 여러 활동을 합니다. 그런 시간까지 모두 포함해 언제나 아이의 내면에 '함께 배우려는' 마음이 머물러 있는 것, 그것이 제가 바라는 교실의 모습입니다.

함께 배우는 것의 좋은 점을 실감해 본 아이는 틀림없이 모든 학교생활 장면에서 친구들과 함께, 또 친구들로부터 배우고, 친구들과 함께 살아가려고 할 것입니다. 물론 감정의 엇갈림과 작은 충돌도 있을 것입니다. 그렇지만 그것 또한 소중한 배움의 장으로 만들어 가는 것이 바로 함께 배우는 것을 경험한 아이의 강점입니다. 즉 서로의 차이를 인정하고, 그 차이로부터 풍부하게 배울 수 있다는 것을 아이가 알고 있기 때문입니다.

알고 싶은 것, 배우고 싶은 것이 생기면 수업 시간이든 그렇지 않든 서로에게 배우기 시작할 것입니다. 모르는 것, 어려운 것이 있으면 누군가에게 도움을 요청하려고 할 것입니다. 친구의 어려움을 들어주는 아이는 잘 들어주려는 자세가 되어 있으므로 친구의 어려움과 기분을 더 잘 이해할 것입니다. 우리 반을 이렇게 만들고 싶다고 생각하는 아이가 있다면 그런 반을 만들기 위해 몇 명이서 노력하거나 모든 친구들과 의논하면서 함께 노력할 수도 있을 것입니다. 즉, 함께 배우려는 마음이 아이들의 내면에 뿌리내려 함께 배우는 문화가 교실에 정착된다면 아이들의 배움의 의욕은 모든 곳에서 발휘될 것입니다.

이런 까닭에 저는 '함께 배우는 수업'이란 말이 적절하지 않다고 생각했던 것입니다. '함께 배우는 수업'이라면 수업 시간만으로 한정되어 버리기 때문입니다. 저는 함께하는 배움을 좀 더 넓은 의미로 확대하여 아이의 삶의 방식과 관련된 것으로 다루고 있습니다. '함께 배우는 배움'이라고 부름으로써 그러한 배움은, 인간으로서 살아가는 모든 장면에서 발휘됩니다. 이러한 배움을 통해 아이들의 '현재', 더 나아가 '미래'에 그만큼 기대를 걸고 있는 것입니다.

물론 '수업'은 수업이므로 그렇게 말할 수도 있을 것입니다. 저도 당연히 수업이라고 합니다. 즉, '배움'이라는 표현과 병행해서 사용한다고 해도 될 정도입니다. 단, '함께 배우는 교실'을 말하려고 할 때에는 '수업'이라는 표현 방식으로는 나타낼 수 없겠지요.

'함께 배우는 배움'은 아이들이 모이는 교실을 다른 사람과 함께 살아갈 수 있는 몸과 마음을 기르는 곳으로 만들어 갑니다. 그렇게 되었을 때 '교실'은 이미 '가르침을 받는 곳'이 아니라 아이들이 '배우는 곳'이 됩니다. '함께 배우는 배움'은 아이 한 명 한 명이 풍요롭게 생활할 수 있는 '배움의 공간'을 탄생시킵니다.

❾ 학교를 '배움의 공동체'로 만들기

기본 사항의 마지막으로 꼭 강조하고 싶은 것이 있습니다. 학교를 함께 배우는 조직으로 만들어 가는 것이 '함께 배우는 배움'의 중요한 이념이란 점입니다.

이러한 배움은 하나의 수업 형태로서 다루어져 왔기 때문에 학교 조직과 연계하는 사고방식은 지금까지는 그다지 이슈가 되지 않았습니다. 그러나 교사 자신이 서로 배우는 것의 이점을 실감하지 못한다면 '함께 배우는 배움'은 실천할 수 없지 않을까요.

교사 또한 스스로 수업을 연찬하여 교사로서 성장하기 위해서는 동료와 함께 배우지 않으면 함께 배울 수 있는 아이를 길러 낼 수 없습니다. 즉, 교사 스스로가 다른 사람과 협력하여 살아가는 것을 몸소 실천할 필요가 있습니다. 교실에서 아이들이 함께 배우도록 하려면 교사도 함께 배우는 사람이 되어 교사들 간에 '함께 배우는 것'을 실천해야 합니다. 즉 아이도 교사도 학교에 있는 모든 사람이 서로 배워 가는 '배움의 공동체'를 만들어야 하는 것입니다.

나아가 '함께 배우는 배움'에는 아이들이 가정과 지역의 다른 사람들과도 배움의 관계를 이어, 자신들의 미래에도 연결하기를 바라며 가족 간에, 그리고 지역 사람들과의 관계에서도 학교에서 경험한 바를 활용하여 앞으로 아이들이 살아갈 시대는 다른 사람과의 관계가 풍부하고 함께 살아갈 수 있는 사회가 되기를 바라는, 그러한 희망이 담겨 있습니다. 교사에게는 사회인으로서 살아가는 지금이 바로 그것을 실현할 때가 될 것입니다. 따라서 교사 또한 다른 사람으로부터 배우고 다른 사람과 더불어 살아가는 삶의 방식을 실천해 나가야 합니다. 그것이 바로 사토 마나부佐藤 学 교수가 제창하는 '배움의 공동체' 이념에 부합하는 것이라고 저는 생각합니다.

교실에서 '함께 배우는 배움'을 실천하고 있는 교사들이 아이들의 배움 자체뿐만 아니라 학교를 '배움의 공동체'로 만들어야 한다는 것을 확실히 의식했으면 합니다. '함께 배우는 배움'은 단지 수업 방법에 그치는 것이 아니라 아이들의 미래를 열 것입니다. 이 정도의 포부로 '함께 배우는 배움'을 이해하기를 바랍니다. 교실에서의 실천을 바탕으로 아이들과 더불어 교사, 나아가 보호자와 지역 주민도 참가하여 함께 배우고 자라나는 '배움의 공동체' 학교가 많아질 때, 비로소 학교교육은 큰 발전을 이룰 수 있을 것입니다.

2. '모르는 것'과 '탐구'가 배움의 출발

(1) 모르는 것, 잘 못하는 것과 배움

학교에서는 항상 아이들이 배우는 내용을 이해하고 잘할 수 있게 되기를 바라고 있습니다. 그것은 배우는 곳으로서의 학교의 숙명과도 같은 것입니다.

교사는 그러한 학교의 숙명을 안고 일하고 있습니다. 그러므로 '아이들이 뭔가 알게 되는 수업, 과제를 잘해 낼 수 있는 수업' 등의 슬로건이 생겨난 것입니다.

아이들은 아는 것, 할 수 있는 것이 좋은 것이며 모르는 것, 할 수 없는 것은 뒤떨어진 것, 부끄러운 것이라는 가치관을 갖고 있습니다. 그리하여 조금이라도 빨리 알고, 할 수 있게 되는 것을 목표로 하고 있습니다.

이러한 학교교육의 체질은 좀처럼 변하지 않고 있습니다. 아이들이 모르는 것, 못하는 것 때문에 지나치게 열등감을 느끼지 않도록 해야 한다고 생각하지만 교사들은 아이들이 '알 수 있게', '할 수 있게' 만드는 것을 목표로 날마다 일하는 것을 당연하다고 생각하기 때문입니다. 그렇지만 빨리 알게 되는 것, 빨리 잘하게 되는 것이 그렇게 좋은 것일까요? 모르는 것, 못하는 것은 부끄러워해야 하는 것일까요?

❶ '알고 있다'는 것과 '배운다'는 것은 다르다

먼저, 교사는 아이가 '알고 있다'는 것과 아이가 '배운다'는 것이 일치하지 않는다는 점을 이해해야 합니다.

좀 더 쉽게 설명하기 위해 다소 극단적인 사례를 살펴보겠습니다. 어떤 아이가 삼각형의 면적은 밑변과 높이의 곱을 2로 나누면 구할 수 있다고 알고 있습니다. 그 아이는 지식으로서의 공식을 획득하고 있었던 것입니다. 즉, 이런 문제가 많이 실려 있는 시험과 문제집을 통해 빨리 공식에 대입하여 계산할 수 있게 된 것입니다. 아마 학교에서 배우기 전에 가족 누군가로부터 배웠다든가 아니면 학원에서 선행 학습을 했다든가 했을 것입니다.

그러한 아이가 있는 교실에서 수업할 경우 생길 수 있는 상반

되는 두 가지 경우를 가정해 보겠습니다. 한 가지는 그 아이에게 공식을 발표하도록 하고, 삼각형의 면적은 그렇게 계산하여 구하는 것이라고 모두에게 설명하는 것입니다. 또 다른 한 가지는 그 아이가 공식을 말했다 할지라도, 어떻게 그런 식으로 구할 수 있는지 도형을 그리거나 자르거나 하는 조작 활동을 하면서 모두가 생각해 보자고 의문을 제기하는 수업입니다. 이 두 가지 수업 중 어느 쪽이 아이에게 배움을 가져올까요?

이 아이는 수업 전부터 면적을 구하는 식을 알고 있었고 계산도 할 수 있었으므로 면적을 구하는 방법을 어떻게 알게 되었느냐는 것 그 자체는 의미가 없으며 여기에서 생각해야 할 것은 어떤 수업이 아이에게 배움이 일어나게 하였는가입니다.

결론부터 말하면 앞의 수업에서는 배움이 일어나지 않았을 것입니다. 아이의 지식은 수업 전과 비교하여 진전된 것이 없기 때문입니다. 그에 반해 그 다음 수업에서는 배움이 일어났을 가능성이 있습니다. 아이가 수업 전부터 갖고 있던 지식이 틀렸을 리는 없지만, 아이가 자신이 알고 있던 지식이 어떻게 해서 만들어졌는지를 알게 되기 때문입니다.

배움이 일어난다는 것은 '발견'이 있다는 것입니다. 지금까지 갖고 있던 지식과 기능이 더 깊어진다는 것입니다. 또는 지금까지 생각해 왔던 것이 그렇지 않다는 것을 깨달을 수도 있습니다. 배움이란 사람을 사고와 탐구의 세계로 이끌어 몰두하게 하는 것입니다. 배움에는 지적이고 냉철한 사고도 있지만 정서적인 움직임도 생깁니다. 실은 정서적인 깊이가 크면 클수록 아이는 배움을 더 실감하게 됩니다. 즉 '배움'은 '무언가를 알고 있다'는 것과 같지 않습니다. 알고 있는 것이 그 이상으로 심화되지 않으면 그곳에는 배움이 생기지 않습니다.

여기에서 한 가지 더 생각할 것이 있습니다. 앞에서도 언급했듯이 30여 명이 일제히 똑같은 내용을 학습하고 있어도 모든 아이들에게 동일한 배움이 생겨난다고는 할 수 없습니다. 좀 더 엄밀히 말하면 30명이 있으면 30개 이상이 있게 됩니다. 삼각형의 면적을 구하는 공식이 한 가지라 해도 어디에서 어떻게 하고 싶은 마음이 생겨 무엇을 깨달았느냐는 한 명 한 명 조금씩 다르기 때문입니다. 게다가 수업이 끝날 때까지 모르는 아이도 있습니다.

교사는 이러한 점을 확실히 인식해야 합니다. 흔히 교사들은 30여 명의 아이를 대상으로 똑같은 과제와 교재로 수업을 하고 있어도 모두에게 다른 배움이 일어난다는 것을 깨닫지 못하거나 알아차렸다 하더라도 어느새 잊어버리기 쉽습니다. 그것이 바로 일제 수업의 무서운 점입니다.

이렇게 생각해 보면 '배움이 있다'는 것은 '알았다, 할 수 있다'는 결과를 의미하지 않는다는 것이 분명해집니다. 대부분 배움은 알게 되는 것, 할 수 있게 되는 '과정'에서 생겨납니다. 그렇다면 우리 교사들은 '빨리 알게 하는 것'보다는 '이건 아니구나, 저건 아니구나.'라고 헤매면서 생각하는 과정을 소중히 여겨야 합니다. 그러한 과정에서 아이들은 발견의 기쁨과 앎의 재미를 느끼며 그러한 경험을 통해 앞으로 만나게 될 많은 낯선 것들에 도전하려는 의욕이 생기기 때문입니다.

이때 중요한 것은 삼각형의 면적 계산 예에서도 알 수 있듯이, 이미 알고 있다고 생각하는 아이에게도 배움이 일어나도록 해야 한다는 점입니다. 그것은 이미 알고 있는 건물이 '어떤 구조로 세워졌는가, 그 안에 어떤 의도가 숨겨져 있는가, 그곳에 설계자와 소유자의 어떤 생각이 담겨 있는가.' 등과 같이 지금까지 알 수 없었던 것, 겉으로는 보이지 않았던 것을 발견하여 그 건물에 대하여 새롭게 인식하는 것과 비슷하다고 할 수 있습니다.

이처럼 배운다는 것은 알고 있다고 생각했던 것이 실제로는 정말로 알고 있었던 것이 아니라는 점을 알아차리는 것입니다. '안다'는 것에는 그 정도로 심오함이 있습니다. 아는 것에는 끝이 없습니다. 그러니까 인간은 알고 싶고 알아 가는 것이 재미있는 것입니다.

'안다'는 게 그런 것이라면 '아는 것'과 '배우는 것'은 밀접한 관계가 있습니다. 즉 배움을 만들어 내기 위해서는 역시 아는 것을 목표로 하지 않으면 안 된다는 점입니다.

하지만 수업 중 교사가 흔히 하는 "알겠어요?"라는 말이 상징하는 바처럼 학교나 사회에서 '안다'라는 말이 너무 가볍게 사용되고 있습니다. 배움을 가볍게 생각하는 태도를 극복해야 배움이 일어나며 배우는 기쁨도 맛볼 수 있습니다. 따라서 '안다는 것'과 '배움이 있다'는 것은 같은 말이 아닙니다.

또한 교과에 따라서는 지적인 배움을 지향하지 않는 교과도 있다는 점을 덧붙일 필요가 있습니다. 음악과 미술 감상, 문학 감상 등 예술적인 교과는 무언가 정해진 내용을 알게 되는 것이 아니기 때문입니다. 이에 관해서는 3장에서 문학 감상 사례를 바탕으로 자세히 설명하겠습니다.

❷ 배움의 출발은 '모르는 것'에서 시작된다

그러면 아이들에게 '모른다'는 것은 어떤 의미가 있을까요?

앞에서 아이들은 모르는 것, 할 줄 모르는 것은 뒤떨어지는 것, 부끄러운 것이라는 가치관을 갖고 있다고 말씀드렸습니다. 이런 생각은 바람직하지 않습니다. 그러나 그렇게 느끼는 아이가 나쁜 것이 아니라 지식과 기능의 습득 결과를 중시하는 교육이 그런 잘못된 가치관을 조장해 온 것이라고 생각합니다.

물론 '알고 싶다, 할 수 있었으면' 하는 의욕을 부정하는 것은 아닙니다. 사람은 누구나 알고 싶고 잘할 수 있기를 바랍니다. 그러므로 '아는 것, 할 수 있는 것'의 심오함을 느끼면서 서두르지 말고 다른 사람들과 더불어 탐구의 세계를 향해 간다면 얼마나 좋을까 생각해 봅니다. 그러나 그 '과정'에서 셀 수 없이 '모르는 세계'와 만날 것이며 모르기 때문에 더욱 탐구할 수 있다는 점을 망각해서는 안 됩니다. 즉, '모른다는 것'은 배움의 중요한 출발점입니다.

생각해 보면 교사가 내는 과제의 상당수는 의문형입니다. 다음과 같은 말을 생각해 봅시다.

> "사탕이 13개 있습니다. 몇 개를 더 사 와서 전부 27개가 되었습니다. 사 온 사탕은 몇 개입니까?"
>
> 초등학교 2학년 수학

> "직렬회로와 병렬회로에서 어느 쪽이 더 전기 요금이 높을까?"
>
> 중학교 2학년 과학

과제가 의문형이라는 것은 그것이 질문의 형태로 제시되고 있다는 것입니다. 즉, 교사도 배움의 출발점이 '모르는 것'임을 알고 있습니다. 모르는 것을 알려고 할 때 배움이 생겨난다고 할 수 있습니다.

그렇다면 아이들이 모르는 것을 알고 싶게 하는 것이 중요합니다. 아이가 '모른다'고 스스로 말하는 것이 가장 좋지만 현실은 그렇지 않습니다. 학교에서는 교사가 묻고 아이들이 대답하는 형태로 수업이 이루어지기 때문입니다. 즉 아이들은 스스로 자신이 '알지 못한다는 것'을 발견하고 거기서부터 시작하는 배움을 할 수 없게 되는 것입니다.

교사가 질문하는 것을 당연하게 여기면 아이들은 참을성 있게 자신이 모르는 것에 도전하는 것이 아니라 교사가 빨리 알려 주기만을 바라게 됩니다. 여기에는 진정한 의미의 배움의 즐거움은 없습니다. 게다가 그 다음에 시험과 성적표가 기다리고 있기 때문에 아이들의 의식은 좋은 점수를 얻는 것으로 향하게 됩니다. 학교의 이러한 분위기 때문에 '모르는 것, 할 수 없는 것'은 부끄러운 것, 뒤떨어진 것이 되고 맙니다.

스스로 발견한 '모름'이 아니라 누군가 질문한 것에 대해 빨리 알아 가는 풍토에서 오로지 성적 향상만이 목표인 학습에서는 아이들을 풍요로운 배움의 세계로 이끌어 낼 수 없습니다.

이러한 현상을 바꾸기 위해서는 '모른다는 것'을 아이들 것으로 하는 것에서부터 시작하지 않으면 안 됩니다. 먼저 교사가 과제를 줄 때에는 아이들에게 어떻게든 풀고 싶은 마음이 생기도록 매력적으로 과제를 제시해야 합니다. 제시할 과제는 아직 모르는 점을 아이들이 알고 싶어지도록 아이들의 마음을 고려해 세심하게 고안해야 합니다.

더 좋은 것은 아이들이 묻도록 하는 것이지만 그러기 위해서는 묻는 것은 교사, 대답하는 것은 아이들이라는 공식에서 벗어나지 않으면 안 됩니다. '무엇을 학습할 것인가'라는 과제는 교사가 선정해야 하므로 그것을 아이들에게 맡겨서는 안 됩니다. 배움의 큰 틀은 교사가 책임을 갖고 설정해야 합니다.

그러면 어떻게 해야 아이들이 물음을 던질 수 있을까요?

그것은 과제에 도전하는 과정에서 생겨납니다. 매력적인 배움은 쉽게 풀려 버리는 쉬운 과제에서는 생겨나지 않으므로, 적절한 난이도의 과제가 필요합니다. 그런 도전적 과제가 매력적으로 제시된다면 아이들은 그 어려움에 맞서기 시작할 것입니다. 그렇게 되면 반드시 그곳에는 모르는 것이 생깁니다. 모를 때 '어느 부분에서, 어떻게 모르는지' 말하도록 하는 것입니다. 그렇게 하면 아이들은 스스로 묻기 시작하면서 배울 수 있습니다.

하지만 실제로 아이들은 그렇게 간단히 모른다고 표현하지 않습니다. 앞에서 말한 것처럼 모른다는 것은 부끄러운 것이라고 생각하기 때문입니다. 교사는 그렇게 생각해서는 안 됩니다. '모르는 것'이야말로 배움의 출발점이라고 깊이 인식하고 있어야 합니다. 교사 자신이 먼저 그렇게 생각한 후 모르는 것이 매력적인 배움에 연결된다는 사실을 여러 번 보여 주었을 때 아이들은 안심하고 '모른다'고 할 수 있습니다. '질문은 교사가, 대답은 아이가'라는 획일적인 공식을 바꾸기 위해서는 '모른다'라고 말할 수 있는 교실로 만들어야 합니다.

교사 한 명이 여러 아이들의 물음에 모두 대응할 수는 없습니다. 아무리 아이에게 신경을 쓰고 안테나를 높이 해도 물리적으로 불가능합니다.

바로 이때 필요한 것이 아이들끼리 물음을 받아들일 수 있게 하는 것, 즉 '서로에게 배우도록 하는 것'입니다. 소수로 구성된 모둠 학습을 많이 해서 '친구에게 물어보기', '친구와 함께 생각해 보는 것'이 당연해지도록 하는 것입니다. 아이가 안심하고 모른다고 말할 수 있는 교실, 아이에게서 물음이 나오는 교실은 아이가 항상 옆 친구와 활동하고 있거나 모둠 활동을 도입한 학습 장면이 설정되어 있는 교실입니다.

결국 '모르는 것이야말로 배움의 출발점'이라는 것을 교사가 인식하는 게 가장 중요하다고 할 수 있습니다. 그러나 효율성을 높이기 위해 일제 학습에 익숙해 있던 교사가 이렇게 인식을 전환하기란 쉽지 않을 듯합니다. 아마도 평소 수업할 때 "알겠니?"라는, 결과를 재촉하는 방식을 많이 사용하고 있을 것입니다.

이를 바꾸기 위해서는 배우는 아이의 마음을 헤아려 보아야 합니다. '어떻게 가르칠까'라는 교사 편의 논리에서 벗어나, '그 아이라면 어떨까. 어떻게 생각할까. 이 아이라면 어느 부분이 어려울까.' 하고 생각해 보는 것입니다. 아이들에게 밀착해 있는 교사만이 아이들이 무엇을 모르는지 알 수 있고 '모르는 것이야말로 배움의 출발점'이라고 마음속 깊은 곳에서 생각할 수 있게 됩니다. '함께 배우기'의 문은 이렇게 교사의 노력에 따라 열릴 것입니다.

(2) 탐구와 배움

앞에서, 이제까지 몰랐던 것을 알게 된 그 결과가 배움은 아니라고 말씀드렸습니다. 시험과 성적표의 점수는 결과이므로, 점수 때문에 일희일비하는 것은 바람직하지 않습니다. 왜냐하면 배움 그 자체가 아니라 결과에 농락되어 버리기 때문입니다.

배움이란 탐구의 과정에서 생기는 것, 알았다고 생각했던 것 이전에 생기는 것이기 때문에 배움의 즐거움과 기쁨은 간단히 알아 버리면 (쉬운 과제에서는) 생기지 않습니다. 그와는 반대로 알고 싶다고 진지하게 생각할 때 또는 무언가 실마리를 발견하여 생각의 숲으로 단숨에 나아갈 때에는 자기 자신을 잊어버릴 정도로 탐구의 즐거움으로 가득 차게 됩니다. 저는 아이들이 그러한 탐구의 즐거움을 많이 느껴 보았으면 합니다. 학교에서 그렇게 진지하게 몰두하여 무언가와 맞선 감촉을 느껴 본 아이는 인생에서도 그렇게 도전하고 탐구하는 태도를 멈추지 않을 것입니다.

물론 결과도 중요합니다. 어느 정도 답이 나오지 않으면 의욕이 생기지 않기 때문입니다. 하지만 빨리 답을 내는 것이 중요한 것은 아닙니다. 답이 바로 나오지 않기 때문에 어떻게든 그것을 돌파하려고 지혜를 짜내어 여러 가지를 시도하게 되는데 이런 과정에 의미가 있습니다. 많이 힘들지도 모릅니다. 좌절할지도 모릅니다. 그렇지만 아이들은 자기가 그때만큼 무언가에 열정적인 때가 없었다고 나중에 꼭 생각할 것입니다.

생각해 보면 인생을 충실히 보내는 사람은 반드시 무언가에 전념하고 있는 사람입니다. 그들은 어려움을 극복하고 도전하고 있습니다. 그런 점에서 우리 교사들은 바로 결과가 나올 것 같지는 않지만 무언가에 열중하여 도전하는 것이 얼마나 대단한지 앞으로의 시대를 살아갈 아이들이 경험하도록 해 주지 않으면 안 됩니다. 그러기 위해서는 '탐구'가 있는 배움을 실천해야 합니다.

무언가를 '탐구'하고 있을 때 머릿속은 활발히 움직입니다. 그러한 움직임은 참으로 복잡해서 쭉 곧은 외길을 나아가는 듯한 사고를 할 때가 있는가 하면, 여러 가지 생각이 복잡하게 뒤섞일 때도 있습니다. 하나하나의 생각이 정리되는 것 같다가도 도무지 몰라서 마치 밀림을 헤매는 것 같은 상태가 되는 경우도 있을 것입니다. 뭔가 단서를 발견해 그 단서를 다른 무엇인가와 관련시켜 열심히 생각하게 되는 경우도 있습니다. 이러한 두뇌의 움직임이야말로 아이의 사고력을 키우는 것입니다.

그러한 탐구가 친구와 '함께 배우는' 장면에서 일어나고 있을 때는 혼자서 생각할 때와 또 다른 뇌의 움직임이 일어납니다. 다른 사람과 생각을 비교하고 부딪치고 연결하고 관련짓는 등의 움직임이 일어나기 때문입니다. 이러한 것들은 모두 다른 사람의 생각에 자신을 비추어 보는 사고방식에서 생겨납니다. 이렇게 비추어 보는 사고야말로 배움을 심화시킬 가능성을 지닙니다. 특히 사람은 혼자서는 도저히 생각해 낼 수 없는 매력적인 생각을 접했을 때 강한 자극을 받습니다. 그곳에서 드물지 않게 극적인 발견이 일어나기도 합니다.

교사는 '탐구'가 일어나도록 수업을 디자인해야 합니다. 물론 이것은 아이들에게 '탐구'가 되는 수업을 의미합니다. 교사가 아무리 '이것이 탐구다.'라고 생각해도 아이들이 그렇게 생각하지 않으면 그것은 단지 시켜서 하는 것에 불과하기 때문입니다.

밀착해서 아이들을 보는 교사, 아이들의 마음을 아는 교사는 그것을 절대 지나치지 않습니다. '아이들이 함께 배우는 것'을 목표로 하는 교사는 교사의 입장뿐만 아니라 아이의 입장에 서서 생각하고 있기 때문입니다.

그렇지만 한편으로는 아이들의 사고가 깊어지게 하기 위해 교재와 과제에 대해서도 생각해 보아야 합니다. 배움은 과제의 질을 높이지 않는 한 매력적이지 않기 때문입니다. 교재의 내용을 완전히 꿰고 있지 않으면(교재가 보이지 않으면) 아이들의 생각에 담긴 중요한 것을 깨닫지 못하기 때문입니다.

'함께 배우는 배움'을 지향하는 교사는 아이들이 '탐구하는' 배움을 명심해야 합니다. 그렇게 하기 위해서 아이들과 교재가 '보이는' 교사가 되지 않으면 안 됩니다. 이것은 어떤 의미에서 교사 자신에게 있어서 '탐구'입니다. '탐구'가 있는 배움을 만들어 낼 수 있는 교사는 자기 자신이 무언가를 탐구하고 있는 사

람입니다. 아이들과 함께 '탐구'하는 교사야말로 질 높은 배움
을 실현할 수 있습니다.

3. '함께 배우는 배움'과 배움의 질

(1) 보람과 불안

'모른다'는 것을 받아들여 서로의 의견을 듣고 생각하는 탐구 학습은 아이들에게 배우는 즐거움, 배우는 기쁨을 가져다줍니다. 지금까지 교사의 발문과 설명, 지시에 따라 배워 온 아이들에게 "'모르는 것'이 있는 것은 당연하며 모르니까 생각하는 것이다. 그리고 아무리 어려운 것이라도 친구와 함께 생각해 보자."라고 말한다면 아이들은 얼마나 안심할 수 있을까요. 지금까지 별로 이야기해 본 적이 없는 아이들도 입을 열게 되어 모든 아이의 표정이 밝고 풍요로워졌다는 기쁨의 소리가 교사들에게서 나오고 있는 것도 당연합니다. 함께 만들어 가는 배움은 매력 있는 것, 즐거운 것이 됩니다.

하지만 이러한 배움을 실천하고 있는 교사들이 늘 기뻐하기만 하는 것은 아닙니다. 그들은 아이들의 변화에 보람을 느끼면서도 '이대로 좋을까.' 하는 불안감도 느끼고 있습니다. 그것은 한마디로 말하자면 '배움의 질'에 관해서입니다. 아이들의 생각이라면 어떤 것이든 소중하게 귀 기울이며 아이들이 서로에게서 배우도록 맡겨 놓음으로써 진정한 '배움의 질'을 보장할 수 있을까 항상 신경이 쓰이는 것입니다.

이러한 불안감을 극복하는 것은 '함께 배우는 배움'을 풍요롭게 하기 위해 아주 중요합니다. 이러한 수업에서는 듣는 것을 중시한 나머지 아이들의 생각을 계속 듣기만 하는 수업이 되는 것처럼 보이기 쉽습니다. 따라서 '아이들의 생각을 다 받아 주면서 그저 이야기만 나누게 하고 있는 것이 아닌가.' 불안감이 드는 것입니다. '배움의 질'을 표방하는 교사에게 아이들의 어떤 생각이라도 듣고 받아들이면서 배움의 질을 보장해 나간다는 것은(모순처럼 보이지만 절대 모순되지 않습니다) 결코 쉽지 않습니다. 요즘 아이들의 발언이 많아졌다고 하면서 혼자 들떠서는 안 됩니다. 질을 동반하지 않는 배움으로는 아이들을 성장시킬 수 없기 때문입니다. '함께 배우는 배움'을 실천하고 있는 교사의 불안감이란 그러한 것입니다.

(2) 형식이 아닌 내용에 대하여 고심하기

저는 수업을 참관할 때 '왜 이런 상황에서 교사가 저렇게 태평할 수 있을까.' 답답해한 적이 있습니다. 아이들이 말하고 있는 것 대부분이 교재와 상관없는 얘기인데도 그냥 놔두는 교사, 수업을 보고 있는 우리들조차도 놀랄 만큼 대단한 생각이 아이들로부터 나와 몇 명의 아이들이 그와 관련된 얘기를 하고 있는데도 알아차리지 못하는 교사, 그저 아이들이 발언하는 것만으로 만족하고 있는 듯한 교사, 아이들의 생각을 듣기만 하는 교사. 그러한 교사들을 보고 있으면 '아, 이 사람에게는 아이들이 교재와 과제의 세계에 조금이라도 깊이 파고들게 해서 그곳에서 아이들이 배움을 만들어 내게 하려는 의식이 없구나.' 하는 생각에 슬퍼집니다.

왜 그런 것일까요? 그것은 교사가 배움의 내용에 신경을 쓰고 있지 않기 때문입니다. 아이들의 대화를 듣고 지금 아이들의 대화 내용이 무엇인지, 그리고 이것은 과제를 심화시키는 데 어떤 의미가 있으며 여기서 어떠한 배움이 가능할 것인지를 섬세하고 엄밀히 생각하지 않기 때문입니다. 교사가 이렇게 되면 아이들도 똑같이 됩니다. 즉 이 교실에서는 아이들이 자기 생각을 표현하는 것만을 목적으로 삼아 아이들의 말은 단순한 진열품처럼 되어 버리고 말며, 결국 아이들의 마음에 탐구심이 생기지 않는 것입니다. 원인은 '활발한 대화' 같은 형태밖에 보지 않는 교사의 수업관에 있는 것입니다.

방법만으로는 배움이 생겨나지 않습니다. 배우는 대상인 교재와 과제를 아이들과 함께 맛보고 함께 탐구하려는 마음이 없이는 안 됩니다. 형식이 아니라 배움의 내용을 고심하는 것이야말로 '함께 배우는 배움'을 지향하는 교사에게 있어서 불가결하고 중요한 것입니다.

(3) '점프가 있는 배움'에 도전하기

'함께 배우는 배움'을 통해 모든 아이들의 배움을 보장한다는 것, '모르는 것', '잘 못하는 것'을 부끄럽게 여기지 않고 오히려 여기서부터 배움을 시작하는 게 중요하다는 것은 앞에서 말씀 드렸습니다. 하지만 '함께 배우는 배움'의 가치는 이것이 전부가 아닙니다. 아이들이 함께 배우며 함께 생각하는 것에서 일어날 수 있는 배움은 더욱더 풍부한 가능성을 품고 있습니다.

그것은 '점프▪가 있는 배움'에 도전할 때 생겨납니다.

배움이란 아직 모르는 것, 아직 명확하지 않은 것에 도전할 때, 스스로 가지고 있는 지식을 넘어서는 무언가를 발견하려고 할 때 생겨납니다. 그곳에 쉽게 도달하지 못할지라도 또한 그곳에 상당한 어려움이 있다 해도 배움은 그곳에 존재하고 있는 것입니다. 그렇게 헤매며 모색한 결과 드디어 다다를 수 있었을 때, 자신이 무엇을 배웠다고 분명히 인식할 수 있습니다. 만약 그것이 자신의 예측을 넘어선 것이라면 감동과 기쁨은 이루 말할 수 없을 것입니다.

즉, 단순하고 뻔한 것, 예사로운 것은 알게 되었다 하더라도 그곳에는 소중한 배움이 없습니다. 모색도 탐구도 없이 알게 된 것은 배움이라고 할 수 없습니다. 배움이란 어느 정도의 난이도가 있는, 수준 높은 과제에 도전했을 때 매력적으로 등장하는 것입니다. 그러한 수준 높은 과제에 도전하는 배움이 '점프가 있는 배움'입니다.

그러나 여기에서 의문이 생길 것입니다. 수준이 높은 과제에 저항감을 지닌 아이는 과제에 몰두하지 못하는 것 아닌가, 경우에 따라서는 배움으로부터 멀어지는 게 아닌가. 더구나 '함께 배우는 배움'에서는 모든 아이가 안심하고 몰두할 수 있는 배움이라고 말하는데, 뭔가 잘못된 게 아닐까 하는 것입니다.

■배움의 도약. 배움의 심화를 의미한다.

저도 이런 의문에 대해서 잘 알고 있습니다. 하지만 수준이 높은 과제에 모든 아이들이 도전할 수 있다면 얼마나 좋을까요. 모든 아이들이 그러한 어려움에 꿋꿋이, 끈기 있게, 활기차게 맞선다면 얼마나 좋을까요. 이러한 바람을 실현하는 것이 '함께 배우는 배움'입니다.

아이가 어려운 과제에 혼자 도전하기에는 상당한 어려움이 뒤따릅니다. 더구나 이해하는 데 시간이 걸리는 아이는 말할 것도 없습니다. 하지만 아이들이 함께 배우게 된다면 잘 모를 경우 '모른다'고 말할 수 있고, 함께해 주는 친구들이 있습니다. 의문을 발견했을 때 그 의문을 연결해 주거나, 혼자서는 의미를 깨닫지 못했던 어떤 생각에 빛을 비추어 주는 친구가 있습니다. 서로 지혜를 짜내는 친구가 있는 것입니다. 그리하여 "그렇구나, 바로 이거구나." 하고 친구로부터 새로운 발견을 얻거나 친구와 함께 발견할 수 있습니다. 함께 배울 때는 학습 능력이 높든 낮든, 모든 아이들이 서로 연결되어 배우기 때문입니다.

아이들에게 진정한 배움의 즐거움을 느끼게 해 주고 싶거나 발견의 즐거움과 사물의 깊은 곳에 있는 진리를 발견해 내는 감동을 맛보게 해 주고 싶다면 도전 과제를 설정해야 합니다. 문학 수업처럼 어떤 작품을 교재로 다룰 때에는 그 작품이 뛰어난 글이어야 합니다. 그렇다면 교사가 '배울 만한 제재와 교재를 어떻게 선정할 것인가'가 '어떻게 수업할 것인가'보다 더 중요해집니다.

제재와 교재의 가치를 찾는 능력, 그것은 전문가로서의 교양입니다. 교과서가 이렇게 되어 있으니까, 이것만 알면 된다고 안이하게 생각해서는 안 됩니다. 설령 교과서대로 배우게 하는 경우에도, 그것이 어떤 내용인가를 꿰뚫어보지 않으면 안 됩니다. 그리하여 교과서의 제재에 부족한 점이 있다면 그 부족한 점을 어떻게 보완할 것인지 생각해야 하며 경우에 따라서는 더욱 좋은 제재와 작품을 찾아내야 할 것입니다. 그래서 우리들은 교사로서 전문가가 되어야 하는 것입니다.

국어 교사라면 언어학과 문학 등을 배워야 하고 수학 교사라면 전문적으로 수학을 연구해야 합니다. 물론 수업의 재료로 쓰기 위해 가져올 내용만을 연구하면 되는 것은 아닙니다. 더욱 넓고, 깊게, 전문적으로 배워야 합니다. 그렇게 하면 배움의 재료로 다루는 것이 학문적으로 어떤 위치에 있는가, 앞으로 어떤 배움으로 발전할 가능성이 있는가 하는 심오함이 보이게 됩니다. 교사들의 이런 능력이 높은 수준의 과제에 도전하는 아이들을 지지해 주는 힘이 되는 것입니다.

현실적으로는 초등학교 교사가 많은 교과를 담당하고 있습니다. 그러므로 모든 교과에 대해 그만큼 연구하는 것이 어렵습니다. 그렇다면 모든 교과가 아니라 한 개나 두 개 교과로 한정하여, 그 교과에 대해서는 자신을 갖고 수업에 임하도록 하면 된다고 생각합니다. 그 외의 교과에 대해서는 그 교과를 연구하는 다른 교사들에게 배우면 되겠지요.

아이들이 수준 높은 과제에 도전하도록 하기 위해서 또 하나 중요한 것이 있습니다. 그것은 시시각각으로 변하는 아이들과 관련된 일들을 늘 예리하게 파악하여 필요한 도움을 주는 것입니다. 아이들만으로는 탐구를 계속해 나갈 수 없는 경우도 있기 때문입니다.

아이들을 잘 파악하기 위해 교사에게 필요한 것은 다음 두 가지입니다. 하나는 앞에서 말한 바와 같이 항상 전문가로서의 교양을 쌓아야 한다는 것입니다. 교사가 교양을 갖추지 못하면 아이들 안에서 일어나는 배움의 풍부함을 알아차리지 못하기 때문입니다.

그리고 두 번째는 아이를 파악하는 눈, 즉 감성을 기르는 것입니다. 아이들과 관련된 일들은 교사의 예상을 뛰어넘는 형태로 생기는 경우가 많기 때문입니다. 아무리 사전에 연구했다 해도 그런 일은 일어나기 마련입니다. 전문적 교양을 아무리 많이 쌓았다 하더라도 그것만으로는 충분하다고 말할 수 없을 정도입니다. 그렇다면 이를 위해 교사에게 필요한 것은 무엇일까요?

저는 아이와 더불어 배우는 것, 아이로부터 배우는 교사의 자세라고 생각합니다. 아이가 탐구하는 제재와 교재에 대하여 교사도 아이와 함께 탐구하려는 마음가짐을 잊어서는 안 됩니다. 배움에 대한 참다운 즐거움을 교사도 맛보아야 합니다. 그러한 마음가짐이 있으면 제재와 교재에 대하여 귀가 번쩍 뜨이는 것 같은, 아이의 깨달음과 발견을 받아들일 수 있습니다. 만약 그것이 교사가 생각지도 못했던 것이라면 그 순간 교사는 아이로부터 배웠다는 것을 깊이 실감할 것입니다.

저는 수준 높은 과제에 도전할 때 아이와 함께 배우기, 아이로부터 배우기라는 교사의 자세가 없으면 안 된다고 생각합니다.

어느 정도의 수준을 갖춘 과제에 도전하는 '점프가 있는 배움'은 일본의 교사들에게 앞으로 중요한 테마가 될 것입니다. 앞으로 이러한 도전이 잇달아 일어나면 그 구체적인 모습이 나타날 것입니다. 이 책의 2장과 3장에 든 사례가 그런 계기가 될 것이라고 믿습니다. 이러한 사례가 더욱더 쌓인다면 '함께 배우는 배움'의 진정한 장점을 반드시 실감할 수 있을 것입니다. 교사들의 실천에 '배움의 깊이와 질質'이 달려 있습니다.

2장

협동적 배움이 배움을 깊게 한다

우와, 이거 뭐야! 이렇게도 생각했단 말야?
아이들이 서로의 생각을 마주하고 부딪치면서 배움은 생겨난다.

1. 모둠에서 생겨나는 배움

(1) 모둠 학습이 배움의 중심이 되기 어려웠던 이유

배움의 관계는 많은 인원의 학습보다 소인수 학습에서 생겨
나기 쉽습니다. 학급 전원이 함께 배우는 경우(일제 학습과 구별
하여 전체 학습이라고 표기한다)도 있지만 아이들의 관계면을 고
려하면 소인수 학습이 더 유리합니다.

물론 전체 학습에서도 함께 배우는 관계가 생길 수 있도록
해야 합니다. 일제 수업의 폐해를 없애고 모든 아이들의 배움을
보장하려면 이것은 필수입니다. 하지만 많은 아이가 하나의 과
제를 두고 서로 관계한다는 것은 간단한 일이 아닙니다. 매우
어려운 일입니다.

우선 모든 아이들이 자신이 품고 있는 의문과 생각을 발할

수 있느냐 하면 그렇지 않습니다. 인원이 많기 때문에 그만큼의 시간을 할애할 수 없는 것, 많은 사람들 앞에서 자신의 생각을 말하는 데에 저항감이 생기는 것, 이 두 가지가 애로 사항입니다.

물론 이런 어려움을 극복하고 많은 아이들이 각자의 생각을 표현할 수 있는 교실, 아이들이 서로의 생각을 들을 수 있는 교실은 얼마든지 있습니다. 그렇다 해도 모든 생각을 연결 지어 함께 배우는 것은 어렵습니다. 잇달아 나오는 모든 생각을 듣고 의견을 주고받는 과정에서 무언가를 발견해 내는 사고는 복잡하기 때문입니다.

함께 배우는 것을 중요시하는 교사는 그러한 어려움에 도전해 왔습니다. 어떻게든 어렵고 복잡한 것을 뛰어넘어 아이들의 관계를 실현하고 아이들의 배움이 풍부하게 생겨나기를 바라며 실천해 왔습니다. 저도 이 책의 자매서인『아이들의 배움이 시작될 때』*를 비롯하여 여러 책에서 그러한 교사들의 사례를 소개했습니다. 일찍이 저도 그와 같은 어려움에 도전해 왔기 때문입니다.

그렇지만 몇 년 전부터 시점을 좀 달리해야겠다는 생각이 들

■ 저자의 또 다른 책, 원제는『'学び合う学び'が生まれるとき』로 이 책의 앞 단계에 해당함.

었습니다. '함께 배우는' 것을 본래의 모습에 가깝도록 하고 싶었기 때문입니다.

생각해 보면 당연한 것이었습니다. 하지만 가르치는 것이 본분이라고 생각하는 교사는 열심히 가르칠수록 아이에게 더 가까워진다고 생각하며 열심히 반복하여 지도하게 됩니다. 그것이 모두 나쁘다는 것은 아닙니다. 오히려 존경스럽습니다. 그런 마음을 가지고 있지 않은 교사는 아마 없을 것입니다. 그렇지만 한편으로 아이들이 함께 배우도록 돕기 위해서는 어떤 경우라도 교사가 개입해서는 안 되지 않을까라는 생각이 들기 시작했습니다.

'아이들이 각자의 생각을 주고받는 과정에서 어떤 배움이 생겨나는지 확인해야 한다. 아이들에게는 배움의 가능성이 얼마나 있는지 실증적으로 접근하지 않으면 안 된다.'

이렇게 생각했을 때 저의 머릿속에 떠오른 것이 모둠으로 함께 배우는 아이들의 모습이었습니다.

교사가 관여하지 않는 전체 학습은 생각조차 할 수 없습니다. 아니 다수의 아이들에게 실시하는 전체 학습에서는 오히려 교사가 적절히 관여하지 않으면 안 됩니다. 그에 반해 모둠별 소인수 학습은 기본적으로 교사가 개입하지 않는 학습입니다. 머리를 맞대고 아이들의 호흡으로 진행하는 배움입니다. 모둠 학습에서는 아이들이 있는 그대로의 생각을 낼 수 있습니다. 아이들 간의 직접적인 관계가 생겨납니다. 그러므로 전체 학습에서는 나타나지 않는, 생각하지도 못했던 매력적인 배움이 생겨날 수 있습니다.

아이들의 배움을 깊게 하는 핵심은 어떻게든 질을 올리려고 실시해 온 전체 학습보다 아이들이 참여하는 모둠별 학습에 있는 게 아닐까라고 생각했습니다. 그래서 저는 모든 아이들이 배움의 관계를 맺는 모둠별 학습에 뜨거운 눈길을 보내게 되었습니다.

그러나 현실적으로 저도 그랬듯이 '함께 배우는 배움'을 실천하게 된 교사조차도 모둠 학습보다는 전체 학습에 비중을 두기 쉽습니다. 즉, 전체가 어떻게 협동적으로 함께 배울 수 있는가에 도전하곤 했습니다.

수업연구에 열정을 기울였던 교사들은 '수업을 만든다'라는 말을 자주 하곤 합니다. 그들은 좋은 수업을 만들고 싶다는 열정이 넘치고 있습니다. 그런 의식이 강한 사람일수록 자신이 교사로서 어떤 수업을 해야 할까에 더 신경을 쓰는 것 같습니다. '배우는 것은 아이'라는 것을 알고는 있습니다. 하지만 더 좋은 수업을 만들고 싶어 한다는 것은, 아이들 또한 중요하지만 교사인 자기 자신의 존재 방식에 더 강한 관심을 갖고 있다는 것을 말해 줍니다. 그것도 그 나름대로 잘못된 것은 아니라서, 이들은 함께 배우는 것을 전체 학습으로 생각해 버리는 오류를 피할 수 없습니다. 하물며 그들은 모둠 내에서 무엇이 일어나고 있는지조차 다 파악하지 못합니다.

재적 중인 학생이 30명 이상인 학급이라면 모둠은 8개 이상만들 수 있습니다. 그리고 그 정도의 모둠이 동시에 이야기를 주고받기 때문에 각각의 모둠에서 무엇을 배웠는지 한 명의 교사가 전부 파악할 수는 없습니다. 게다가 각 모둠에서 나온 내용은 이후의 전체 학습에서 발표시키는 것이 일반적이므로 무엇을 배우는지 파악하기 어려웠던 모둠에 대해서는 그럭저럭 대응을 하여 기다리는 한편 전체 학습에서 나온 생각을 어떻게 조직할까 고민하는 것이 교사로서는 편했던 것입니다. 그렇기 때문에 교사의 의식이 모둠 학습으로 향하지 않았던 것입니다.

하지만 모둠 학습에서 일어났던 것과 나중에 전체 학습에서 발표되었던 것은 대개 똑같지 않습니다. 같은 내용을 발표한다 해도 모둠 내에서 주고받았던 이야기는 현실감이 살아 있고 농밀하며 풍부합니다. 그러한 미묘한 것을 전체 학습에서 발표하기는 어렵습니다. 게다가 알게 된 것 중 매우 중요한 것을 말하지 않는 경우도 있습니다. 전체 학습 중에 하는 발표에 의지하는 교사는 그것을 알지 못합니다.

'함께 배우는 배움'을 기대하는 교사는 모둠 학습에 대해 더 알아야 합니다. 아이들이 함께 배우면 어떤 것이 생기는지, 귀를 기울여 마음을 다해 파악해야 합니다. 그렇지 않으면 모둠에서의 배움에 경이로움을 느낄 수 없습니다. 그런 교사는 영원히 전체 학습에서 교사의 개입에만 집착해 버립니다. 그렇게 해서는 배움의 깊이가 생기지 않습니다.

모둠 학습에서 아이들이 서로 배우는 것은 놀랄 정도로 매력적입니다. 지금부터 소개하는 두 개의 사례가 그것을 증명하고 있습니다. 이 사례에서 제가 무엇을 보고 무엇을 느꼈는지 알게 된다면 틀림없이 모둠 학습을 바라보는 시각을 바꿀 수 있을 거라고 확신합니다.

(2) 모둠 내의 관계가 아이들의 발견을 촉진한다
 -초등학교 3학년 국어과 「잊을 수 없는 선물」

벳푸시립 아오야마 초등학교의 야마자키 아케미山崎 朱実 선생님(현재 벳푸시립 아사히 초등학교)이 실천한 '함께 배우기'의 모둠에 관련된 사례는 저의 마음을 크게 흔들어 놓았습니다. 그수업은 '아이들이 함께 배운다는 것은 바로 이런 것이다.'라는 감동을 느끼게 해 주었습니다.

제재는 「잊을 수 없는 선물」(Susan Varley 글·그림, 오가와 히토미小川 仁央 옮김)이라는 이야기(『초등학교 국어 3학년』 상권, 교육출판 수록)입니다.

모두에게 늘 신뢰를 받고 있던 오소리가 있었습니다. 늙은 오소리는 죽으면 몸은 사라지지만 마음(영혼)만은 남는다고 생각했습니다. 어느 날 언덕에 올라 두더지와 개구리의 달리기 시합을 본 그날 밤, 오소리는 달리는 꿈을 꾸었는데 꿈속에서 땅위로 날아올라 자유로움을 느낍니다. 그런데 이것은 곧 '죽음'을 암시했던 것입니다.

다음 날 아침, 걱정이 되어 모여든 친구들은 죽기 전에 써 놓은 오소리의 편지를 읽고 슬퍼했습니다. 봄이 오고 모두들 오소리와의 추억을 이야기하였습니다. 두더지도, 개구리도, 여우도, 토끼도…… 모두들 무언가 오소리와의 추억이 있었기 때문입니다. 그것은 보물과도 같은, 오소리가 남긴 지혜와 명철함이었습니다.

따뜻한 어느 봄날 두더지는 언젠가 개구리와 달리기 시합을 하던 언덕을 오릅니다. 두더지는 오소리가 남겨 준 선물에 감사의 말을 전합니다. "고마워요, 오소리 씨!"라고. 두더지는 왠지 모르게 오소리가 자기 곁에서 그 말을 듣고 있는 것처럼 느꼈다는 이야기입니다.

❶ 전체 학습에서 생긴 마미의 의문

본문 낭독과 개개인의 쓰기가 끝난 후, 전체 학습으로 읽은 내용에 대한 공유가 시작되었습니다.

마사토가 먼저 말했습니다.

"왜, 두더지는 오소리가 옆에서 듣고 있는 것처럼 느꼈을까?"

교사가 한 질문이 아니라 마사토가 모두에게 던졌던 질문입니다. '함께 배우는' 교실에서는 흔히 볼 수 있는 광경입니다.

마사토의 의문은, 이 이야기 결말 부분의 중요한 내용을 다루고 있습니다. 제목인 '잊을 수 없는 선물'은 오소리가 가르쳐 준 지혜와 명철함을 '잊을 수 없는 선물'이라고 느낀 두더지와 다른 동물들의 마음을 표현하고 있습니다. 그런 선물에 대해 두더지는 감사의 마음을 표시한 것입니다. 그때 그 말을 마치 오소리가 곁에서 듣고 있는 것 같았다는 것입니다. 그것은 '몸은 죽지만 마음은 남아 있는 것'이라는 생전의 오소리의 생각과도 연결되어, 읽는 이의 마음을 흔들고 있습니다. 마사토가 끄집어낸 것은 그 부분이었습니다. 마사토가 제기한 것을 생각해 보면 그러한 감동을 맛볼 수 있습니다. 함께 배우기에 알맞은 출발이었습니다.

다만 그것을 제기하는 방법이 '왜?'라는 의문형이었다는 것에 주목할 필요가 있습니다. 이 의문에서 발견할 수 있는 것은 '이야기'란 '아는 것'보다 '음미하는 것'이 더 중요하다는 것입니다. '왜 오소리가 곁에서 듣고 있는 것처럼 느꼈을까'라는 이른바 이치를 따지는 것보다도 아이들이 스스로 오소리가 곁에서 듣고 있는 것 같은 심정을 느끼는 게 더 중요합니다. 이것이 문학의 묘미입니다. 과연 그렇게 아이들은 문학의 묘미를 느끼면서 읽을 수 있을까요?

아이들은 마사토의 의문에 답하기 시작합니다. 켄지가 이렇게 말합니다.

"1번 장면에서, 몸은 없어져도 마음은 살아 있다고 말하잖아. 그러니까 오소리의 마음이 두더지 바로 옆에 있는 거야."

유우토는 켄지의 생각과 조금 뉘앙스가 다르다는 말투로 이렇게 이야기합니다.

"아냐, 좀 달라. 오소리가 마음만은 남아 있다고 한 건 모두를 소중하게 여긴 거야."

유우토는 켄지와는 다르다며 자신의 생각을 말합니다. 하지만 두 사람의 생각이 그다지 차이는 없으며 오히려 연결되고 있

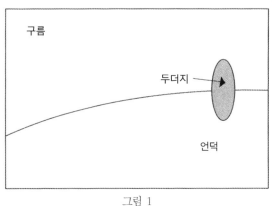

그림 1

다는 것을 테츠가 발견합니다.

"지혜와 깨달음이 보물이잖아? 그러니까 한 명 한 명에게 오소리의 지혜와 깨달음이 남아 있으니까 오소리가 곁에 있다는 거야."

세 아이가 말한 '곁에 있다', '마음은 곁에 있다'라는 표현은 두더지가 마음으로 그렇게 느끼고 있다는 것을 의미합니다. 그렇게 느낄수록 두더지는 오소리를 마음속에서 소중하게 생각하게 됩니다. 이때 마미가 고심한 끝에 다음과 같이 말했습니다.

"난 테츠랑 좀 생각이 다른데……. 오소리가 죽었잖아. 자, 여기 그림을 보면 알 텐데, 구름이 있잖아? 그러니까 오소리가 하늘로 올라가서 두더지가 말하는 걸 듣고 있었던 게 아닐까?"

마미는 이 장면을 그린 삽화(그림 1은 삽화를 간략히 그린 것이다)를 보고 오소리가 하늘에 있다고 생각했습니다. 삽화에는 언덕 위 넓은 초원에서 두더지가 구름이 잔뜩 긴 하늘을 향해 서 있는 것처럼 그려져 있었습니다. 마미는 이 삽화를 보고 두더지가 "오소리 씨, 고마워요."라고 말하는 것 같은 느낌이 들어서 얼굴이 향하는 방향인 하늘에 오소리가 있다고 생각했던 것입니다.

문학을 감상하면서 '하늘에 있다'는 것과 '오소리의 마음이 곁에 있다'는 것 중 어느 쪽이 맞는지 굳이 밝혀낼 필요는 없습니다. 다만 앞에 나온 세 명의 아이들처럼 오소리가 현실적으로 그곳에 있을 리 없으며, 마음속으로 오소리의 존재를 느끼는 것이라는 생각은 마미가 상상조차 할 수 없는 것이었을지도 모릅니다. 3학년 아이라는 점을 고려한다면 이해할 수 있을 것입니다. 마미에게는 '마음이 곁에 있다'는 심리적인 것보다 '죽은 사람이 하늘에서 보고 있다'라고 생각하는 편이 더 마음에 쏙 와 닿았을 것입니다.

그 후에도 아이들의 대화는 이어졌습니다. 정성스레 설명하는 말이 오소리를 생각하는 두더지의 마음을 나타내고 있는 듯합니다. 아이들은 하나하나를 모두 소중히, 소중히 듣고 있습니다. 아무래도 '왜?'라는 의문형에 대한 저의 걱정은 부질없었던 듯합니다. 교실은 문학을 음미하는 차분한 분위기로 가득 차 있었습니다.

다만 그 이후에 이루어진 대화 중 마미의 생각에 연결되는 이야기는 더 이상 나오지 않았습니다. "오소리가 남긴 지혜와 명철함이 모두에게 남아 있으므로, 오소리의 마음이 모두에게 있는 것이다."라든지 "오소리는 '마음은 남는다'고 했으니까 오소리의 마음이 모두에게 있는 것이다." 또는 "오소리에게 배운 지혜와 명철함을 다시 떠올리면서 자기 곁에 있는 듯한 기분이 든 것이다." 등과 같은 의견이 나왔습니다. 그동안 마미는 아무런 발언도 하지 않고 계속 다른 친구들이 말하는 것을 듣고 있었습니다.

아이들의 생각이 거의 비슷하다고 느껴서였을까요. 이쯤에서 야마자키 선생님은 모둠에서 다시 이야기해 보도록 했습니다. 지시를 받은 아이들이 책상을 맞붙여 이야기하기 시작했습니다. 마미는 이 모둠 학습에서 마치 마음의 응어리를 해소한 것처럼 훌륭한 것을 발견하기 시작했습니다.

❷ 모둠 학습에서 일어난 마미의 깨달음

모둠 인원수는 4명이었고 그중 한 명은 "오소리가 한 사람 한 사람의 곁에 있다."고 말했던 유우토였습니다. 즉, 그때까지 아무리 해도 이해가 안 됐던 유우토의 생각을 마미가 직접 마주 대하게 된 것입니다. 이는 마미에게 있어서 '하늘에 있다'라는 자기 생각과의 갈등을 의미했습니다.

모둠 내에서 무슨 이야기를 했는지는 수업자도 참관자도 알 수 없었습니다. 몇 개 모둠의 소리가 겹쳤고, 원래 얼굴을 맞대고 이야기를 하면 목소리가 작기 때문에 들으려고 해도 잘 들리지 않습니다. 하지만 수업자인 야마자키 선생님은 촬영된 영상과 그 모둠에 밀착해 있던 동료 교사가 받아 적은 메모를 바탕으로 수업 후 다음과 같이 기록해 주었습니다. 그 기록을 읽다 보면 마미의 배움이 분명히 그려집니다.

마미 두더지는 마음속으로 말했다는데, 오소리가 어떻게 그걸 듣고 있었는지 잘 모르겠어.

유우토 아, 그건 오소리에 대한 추억이 있으니까, 역시 마음 깊은 곳에서 울려 퍼졌을 거야. 마음 깊은 곳에서. 오소리의 목소리가 한 사람 한 사람에게 울려 퍼진 게 아닐까?

리카 숲 속 친구들은 모두 오소리에게 지혜와 명철함을 받았으니까, 제각기 추억이 있으니까, 두더지가 감사드리고 싶어져서, 그러자 오소리가 고맙다고 하는 말을 듣고 있는 거야.

마미 역시 (잠시 생각한 후) '두더지는, 왠지.'라고 쓰여 있으니까…….

유우토 (마미의 생각을 받아들여 잠시 생각한 후 입을 연다.) '그
렇다. 분명히 오소리에게 들렸음에 틀림없다.'라고 돼 있으니
까, 곁에서 듣고 있는 거네.

마미 (칠판에 붙여진 본문 문장 중, 유우토가 보여 준 부분을 가리
키며) 이거?

유우토 뭐랄까, 옆에서…… 옆에서 듣고 있다고 해도 마음은
말할 수 없으니까 귀로 들은 게 아니라, 마음 깊숙한 곳에
서부터 울려 퍼진 거야.

마미 마음으로 말한다는 건 어려울 것 같아.

유우토 그래도, 모두 오소리에 대한 추억이 있으니까…….

마미 기뻤던 추억이 있으니까?

리카 ……(잘 안 들려서 기록할 수 없었음).

마미 모두들 친구야. 토끼라든지 여우라든지 개구리라든지,
모두가 좋아했으니까?

유우토 (몸짓을 하면서 설명한다.)

마미 아, 알 것 같기도 해. 달리기하던 걸 오소리가 보고 있
었잖아? 거기서 들었을지도 몰라. 거기서, 또, 뭔가(페이지를
넘기며, 1번 장면의 삽화에서 오소리가 서 있던 장소와 비교해 보
며) 오소리가 처음 보고 있던 곳이랑 1번 장면 때랑 비슷하

지 않아? 그러니까 들렸을지도 몰라.

유우토 (카즈야를 가리키며, 카즈야의 생각을 들으려 한다.)

카즈야 사진 말이야(삽화를 의미함). ○○페이지에 나온 사진
에 보면 여우가 있잖아. 그 앞에 왜 오소리가 있는지 잘 모
르겠어.

마미 오소리가 보려고 한 거 아닌가? 거기서, 두더지가 '고마
워.'라고 말한 걸 들었던 게 아닐까?

모둠 활동이 시작되자 마미가 다른 세 명의 친구들에게 자신
이 잘 모르는 것을 물었습니다. 마미는 오소리가 하늘에서 듣고
있었다고 생각했는데, 그런 생각이 흐지부지되자 그렇다면 도대
체 오소리는 어디서 듣고 있었는지가 아무래도 석연치 않았습
니다. 그리하여 모둠 활동 시간이 되자 제일 먼저 자신의 생각
을 터뜨렸던 것입니다.

이에 반해, 한 사람 한 사람의 곁에 오소리의 마음이 있다고
말한 유우토는 추억이 있으니까 모두의 마음에 울려 퍼졌다고
말했습니다. 그것은 전체 학습에서 말했던 내용을 반복한 것은
아니었습니다. 자신이 말했던 것처럼 '마음이 곁에 있는' 것처럼
느낄 수 있었던 것은, 추억이 있어서 그런 것으로, 그렇기 때문
에 비로소 오소리에 대한 생각이 '마음의 저편'에 '울려 퍼졌다'

고 말한 것입니다.

유우토는 친구들과 좀 더 이야기하는 과정에서 말하는 내용을 바꾸었습니다. 그것은 쌍방향의 대화가 만들어 낸 것입니다. 상대방에게 자신의 생각을 전하고 싶다고 강하게 느꼈을 때, 사람은 무엇을 말하면 좋을까 판단하기 때문입니다. 이것은 아이들도 가능한 것입니다.

그런 유우토의 생각을 리카는 순수하게 받아들입니다. 유우토가 말한 '추억'이란, 지혜와 명철함을 의미하는 것으로 오소리가 그러한 것을 모두에게 남겨 주어서 '고맙다'고 하는 거라고 말했습니다.

하지만 두 사람의 말을 듣고 나서도 마미는 여전히 납득이되지 않았습니다. 이야기에서 나온 '왠지'라는 표현을 들어가며 납득하지 못한 자신의 생각을 말하려고 했지만 분명히 전달할 수가 없어서 망설였습니다. 마미가 말하고 싶었던 것은, 유우토가 "마음 깊숙한 곳으로부터 울려 퍼졌다."고 말했지만 '왠지 ~하는 느낌이 들었습니다.'라고 한 것은 사실은 그다지 확실하지 않음을 의미하는 것이 아닐까라는 점이었습니다. 즉, 두더지 곁에 오소리의 마음이 착 달라붙어 있다고 말할 수는 없지 않은가 생각했던 것입니다.

이러한 마미의 끈질긴 물음에 대해 유우토는 그 다음 문장

"그렇다. 분명히 오소리에게 들렸음에 틀림없다."라는 부분을 가리켰습니다. '분명히', '틀림없다'라고 쓰여 있으니 곁에서 듣고 있음이 확실하다고 말한 것입니다. 마미는 유우토가 가리킨 문장을 "이거?"라고 말하면서 손가락으로 가리킨 후 생각에 잠겼습니다. 그러한 마미에게 유우토는 거듭 '들렸다'는 것은, 귀로 듣는 것이 아니라 '마음으로 들었다', 즉 마음에 울려 퍼진 것이라고 말했습니다. 그것을 들은 마미는 "마음속으로 말하는 건 어려울 것 같아."라고 말한 후 또다시 생각에 잠겼습니다.

그것은 그렇다 치더라도 자신이 납득이 안 가는 것을 간단히 받아들이지 않고 끝까지 파고드는 마미의 사고방식은 참으로 매력적이라고 생각합니다. 배움이란 이렇듯 곰곰이 생각하여 끝까지 파고드는 가운데 생겨나기 때문입니다. 그러한 마미에게, 유우토와 리카가 따뜻하게, 하지만 열의를 담아서 이야기하고 있습니다. 그러자 마미에게 변화가 일어납니다. 두 사람이 말하고 있는 '마음으로 듣는 것'이 가능해진 것은 그만큼 오소리와 두더지가 친구였기 때문이지 않을까라고 생각하기 시작한 것입니다. "모두들 친구야. 모두가 좋아했으니까?"라는 중얼거림에 마미의 생각이 드러난다고 할 수 있습니다.

그러자 유우토는 이때다 싶어 몸짓을 곁들여 열심히 이야기했습니다. 마미는 교재의 글과 유우토를 번갈아 보면서 곰곰이

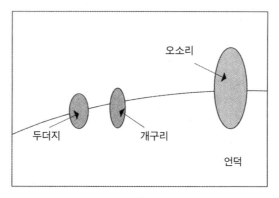

그림 2

생각했습니다. 그리고 드디어 의문이 싹 가신 것처럼 다음과 같이 이야기했습니다.

"이제 알 것 같아. 달리기 시합하는 걸 오소리가 봤잖아. 거기서 들었을지도 몰라. (1번 장면의 삽화와) 똑같은 느낌이잖아. 그러니까 들렸던 게 아닐까(그림 2는 1번 장면의 삽화를 간략히 나타낸 것)?"

이러한 마미의 발견은 놀라웠습니다. 유우토가 말한 것을 그대로 받아들인 것이 아니라, 마미 자신이 발견한 것이었기 때문입니다.

마미는 두더지가 감사하다고 말했던 장소, 즉 언덕을 말한 것이었습니다. 그 언덕이 1번 장면에서, 오소리가 두더지와 개구리의 달리기 시합을 보고 있던 언덕과 같은 장소라고 말하는 것이었습니다. 언덕에서는 오소리와 두더지 등이 진정한 친구로 존재했었습니다. 그러한 언덕이므로 오소리가 듣고 있던 것처럼 느꼈다는 것입니다.

마미는 유우토와 리카의 이야기를 들으면서 교재를 계속 보고 있었습니다. 그리고 여기서 1번 장면과 마지막 장면에 그려져 있는 언덕이 갖는 의미를 알아차린 것입니다.

유우토와 다른 친구들이 말했던 "오소리의 마음이 두더지 곁에 있다."라는 말은 이 언덕 때문에 그렇게 된 것이라고, 드디어 납득이 간 것입니다. 생각해 보면 이 장면은 "어느 따뜻한 봄날, 두더지는 언젠가 달리기 시합을 했던 언덕에 올랐습니다."라는 문장으로 시작했습니다. 마미의 눈에는 이 언덕을 올라간 두더지의 모습이 틀림없이 보였을 것입니다. 그리하여 그 언덕에 오소리가 있던 1번 장면이 되살아났을 때, 마미는 납득한 것입니다.

얼마쯤 지나자 수업자인 야마자키 선생님이 모둠 활동을 마무리하도록 지시했습니다. 그 직전에 마미가 말했습니다. 저는 그때의 마미의 말에서 이렇게 짧은 모둠 활동 시간에 그토록 풍요로운 배움이 있었구나 하고 느꼈습니다. 마미는 다음과 같이 말했습니다.

"오소리가 (두더지와 개구리의 달리기 시합을) 봤잖아. 거기서 두더지가 '고마워요.' 하고 말한 걸 들었던 게 아닐까?"

이제 마미는 하늘에서 보고 있다고 말하지 않았습니다. 그러나 오소리의 마음이 두더지 곁에 있다고도 말하지 않았습니다. 그것은, 마미에게 있어서 어느 쪽이든 상관없게 되었기 때문입니다. 어디에서부터 보고 있었든 간에, 오소리는 보고 있었던 것입니다. 그리하여 오소리는 분명히 듣고 있었던 것이라고 납득한 것입니다. 단, 확실한 것은 이 언덕 때문에 그렇게 된 것이었습니다. 오소리는 이 언덕이었기 때문에 그 자리에 있었다고 납득했습니다.

아이들은 "왜 두더지는 오소리가 옆에서 듣고 있는 것처럼 느꼈을까?"라는 마사토의 질문에서부터 읽기에 관해 함께 배우기 시작했습니다. 하지만 마미는 '왜?'라는 사고방식을 넘어섰을 뿐 아니라, 오소리가 확실히 듣고 있었다는 확신으로 가득 찼습니다. 그것은 오소리의 존재를 느낀 두더지의 마음에 다가간 것을 나타내고 있습니다. 아이들끼리의 배움이 이렇게도 풍부한 배움을 낳은 것입니다.

야마자키 선생님이 만약 이때 모둠 활동을 시키지 않았더라면 어떻게 되었을까요. 마미에게 이러한 배움이 일어났을까요?

모둠 활동이 아니었으면 분명히 일어나지 않았을 것입니다. 다수가 아니라 그저 4명이서 머리를 맞대고 서로 이야기를 듣고 나누었기 때문에 가능했던 것입니다.

❸ 배움은 유우토에게만 있었을까? 카즈야에게는?

그런데 마미의 배움에 많이 관여했던 유우토에게는 어떤 배움이 일어났던 것일까요? 유우토는 모둠 활동 전부터 이야기했던 생각 그대로였을까요. 그렇지 않습니다. 유우토에게도 또한 마미의 생각과 마주하면서 커다란 배움이 일어났습니다.

모둠 학습 후에 일어난 전체 학습의 장면에서 유우토는 다음과 같이 말했습니다.

"있잖아, 여기, 두더지가 언젠가 달리기 시합을 한 언덕에 올라갔잖아. 그렇게 하니까 1번 장면 위에 있는 사진(삽화)에서, 두더지가 서 있던 장소와 많이 비슷하네. 그곳에 오소리의 마음이 남아 있다고 생각해. 그러니까 여기에 오소리의 마음이 남아 있으니까 오소리가 듣고 있는 것 같은 느낌이 드는 거 아닐까?"

유우토가 말했던 언덕이야말로 마미가 모둠 학습 중에서 발견한 것이었습니다. 하지만 "여기(언덕)에 오소리의 마음이 남아 있어."라고, 마미가 아직 말로 하지 않았던 것까지 유우토는 말하고 있었습니다. 유우토는 틀림없이 마미의 발견으로부터 배운 것입니다.

이것을 읽고, 저는 모둠 학습을 축으로 하는 '함께 배우는' 교실에서는 모든 아이들의 배움을 보장한다는 것을 가슴속 깊이 느꼈습니다.

그런데 여기에서 앞에서 말한 모둠 학습에서 일어난 사실 한 가지를 더 짚어 두고 싶습니다. 그것은 모둠 학습 중 계속해서 다른 세 명의 대화를 듣기만 했던 카즈야에 관한 것입니다.

카즈야는 스스로 먼저 말하는 유형은 아닌 듯했습니다. 유우토와 리카가 마미가 던진 물음에 적극 반응하는 것을 옆에서 묵묵히 보고 있는 듯한 느낌이 들었습니다. 그러한 카즈야에게 유우토가 말을 걸었습니다. 앞에서 제시한 기록에는 말이 기록되어 있지 않지만 아마도 "카즈야, 네 생각은 어때?" 같은 말이 아니었을까요? 유우토의 재촉을 받은 카즈야는 그때까지 나누었던 대화와는 전혀 다른 말을 했습니다.

"(삽화에) 여우가 있잖아. 그 앞에 오소리가 왜 있는지 모르겠어."

카즈야는 그때까지 이야기의 맥락에서 벗어난 내용을 꺼냈습니다. 그러자 그 다음에 바로 마미가 이야기했지만 그것은 카즈야의 질문에 대답한 것이 아니라 지금까지 자신이 계속 생각해 온 것의 연장선일 뿐이었습니다.

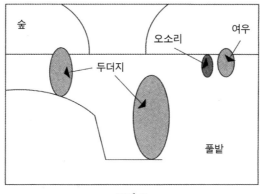

그림 3

모둠 학습에서 카즈야처럼 엉뚱한 화제를 제시한 것에 대해 어떻게 생각하면 좋을까요? 그때까지 이야기하고 있었던 내용과는 동떨어진 것이므로 이 아이는 안 듣고 있었던 것일까요?

카즈야의 질문은 분명히 다른 세 명의 생각과는 동떨어진 것이었습니다. 하지만 카즈야가 이 점에 대해 계속 생각하고 있다가 유우토의 재촉을 받은 순간, 기회라고 생각해서 말했다면 그것 또한 받아들여야 하지 않을까요?

그러면 카즈야의 이러한 질문을 받아들인다면 그곳에서는 어떤 배움이 가능해질까요?

먼저 그의 질문이 어떤 것인지에 대해 생각해 봅시다. 카즈야가 궁금하다고 느꼈던 삽화는 위와 같은 것이었습니다(그림 3).

그 삽화에는 오소리가 죽은 후, 오소리로부터 배운 종이로 된 체인 장식품을 만들려고, 두더지 부부가 종이를 자르고 있는 장면이 그려져 있었습니다. 그림의 오른쪽 위에는 오소리가 여우와 이야기를 나누는 모습이 그려져 있었습니다.

카즈야는 삽화를 보았을 때부터 분명히 세상을 떠났을 터인 오소리가 그림에 나와 있어 뭔가 이상하다는 느낌이 들어 견딜 수가 없었을 것입니다. 그 점에 대하여 드디어 질문할 수 있었던 것입니다.

이 장면에 그려져 있는 오소리는 어떻게 보면 아이처럼 보입니다. 세상을 떠난 오소리와 같이 안경도 걸치지 않고 있으며 지팡이도 없습니다. 그러면 도대체 왜 이 장면에서 어린 시절의 오소리가 등장할까요. 이야기에서는 그 점에 관한 설명이 전혀 없습니다. 하지만 작가인 수전 밸리Susan Varley가 삽화를 그렸다는 점을 고려해 보면 작가는 명확한 의도를 갖고 여기에 오소리를 그렸다고 판단해야 할 것입니다.

그렇게 생각한 저는 다른 장면에도 어린 시절의 오소리가 그려져 있을 거라고 생각하여 차례차례 페이지를 넘겨보았습니다. …… 정말로 있었습니다. 세상을 떠난 오소리의 집 앞에 동물 여러 마리가 모여 있는 장면에서 두 마리의 오소리가 있었던 것입니다. 게다가 그중 한 마리는 분명히 어린 시절의 오소리였습니다. 그리고 그림책 원서를 보면, 한 군데에 더 오소리 새끼가 있습니다. 그 장면은 오소리가 세상을 떠난 다음 해 봄, 오소리에 대한 추억을 함께 이야기하는 장면이었습니다. 큰 구덩이에 여러 마리의 동물들이 모여 있었습니다. 왼쪽부터 여우 두 마리, 두더지, 토끼 두 마리, 개구리, 또 다른 두더지 한 마리, 그리고 또 다른 개구리 한 마리. 이렇게 여덟 마리 동물의 가장 안쪽 그림자 부분에, 작은 오소리의 모습이 있다는 것을 알 수 있었습니다. 작가는 분명히 오소리 새끼를 등장시킨 것입니다.

오소리에게 자식과 손자가 있었다는 설명은 없었습니다. 그러므로 이 두 장면에 그려져 있는 오소리가 세상을 떠난 오소리의 자식이라든지 손자라고 단정할 수 없었습니다. 하지만 작가는 일부러 오소리 새끼를 등장시키고, 나아가 두더지가 오소리를 그리워하는 장면에서 여우와 이야기를 하고 있는 것처럼 한 것입니다.

저는 뜻밖에 나온 카즈야의 말에 자극을 받아 오소리 새끼에 관한 수수께끼에 빠져 버렸습니다. 그리고 야마자키 선생님의 수업에서의 모둠 학습은 그렇게 되지 않았지만, 만약 카즈야의 이 질문에 대해 4명이 모두 마주하여 도대체 어떻게 된 것인지 이야기를 나눴다면 과연 어땠을까 하고 생각해 보았습니다. 아이들도 저처럼 수수께끼에 빠지고 말 것 같습니다.

아이들이라면 오소리 새끼에게 여우가 어떤 이야기를 한다고 상상할까요. "오소리 할아버지는 우리들에게 여러 가지를 가르쳐 주셨어. 나도 이렇게 넥타이를 잘 맬 수 있게 됐단다." 등과 같이 이야기하는 것처럼 상상하지 않을까요.

그렇게 생각했을 때 저는 갑자기 감개무량한 생각이 들었습니다. 그것은 오소리의 존재가 자식과 손자에게도 전해져 간다는 것, 즉 세대를 뛰어넘어 이어진다는 것이었습니다. 그것이 오소리에게 얼마나 기쁜 것일까, 노령에 접어든 저는, 참으로 감회에 젖어들지 않을 수 없었습니다. 아이들은 그런 것까지는 생각하지 않았을지도 모릅니다. 또한 그런 것까지 알아차리기를 기대하지도 않습니다. 하지만 카즈야가 한 이러한 질문에 대해서는 충분히 생각할 가치가 있다고 생각했습니다.

다른 아이들이 말하고 있는 내용과 관계없어 보이는 뜻밖의 질문에도, 거기서 이야기의 핵심에 다가가는 듯한 발견이 이루어질 가능성이 있는 것입니다. 따라서 아이가 알아차린 것은 어떤 것이라도 그냥 지나쳐서는 안 됩니다. 다시 한 번 아이들이 적극적으로 참여하는 '함께 배우는 배움'의 가능성을 생각하게 되었습니다.

그리고 카즈야의 질문이 모둠 학습이었기에 나왔다는 것을 한 번 더 짚고 넘어가고 싶습니다. 게다가 그 질문은 유우토의 말이 계기가 되어 나온 것입니다. 야마자키 선생님이 지향해 온 모둠 학습이, 자신의 생각을 말하는 것에 그친 '함께 이야기 나누기'가 아니라, 다른 사람의 생각을 듣는 것으로부터 배우는 '함께 듣기'였기 때문에 가능했습니다. 전체 학습에서는 아이들이 여기까지 서로의 배움에 관여하기는 어려울 것입니다. 모둠 학습은 참으로 모든 아이들의 배움을 보장하고 나아가 더 깊은 배움을 낳습니다.

(3) 아이들의 교류 속에서 일어나는 배움
-중3 과학 〈화학변화와 이온〉

❶ 과제 제시

이번 이야기는 중학교 과학 수업에서 있었던 일입니다. 단원명은 〈화학변화와 이온〉, 수업은 선생님이 실제 레몬을 보여 주며 시작되었습니다.

수업자인 아사이 히로아키浅井 博晶 선생님(코마키시립 아지오카 중학교)이 "레몬은 언제 쓰나요?"라고 질문을 던졌습니다.

몇몇 아이들이 레몬을 먹는 방법에 대해 말했습니다. 그러자 아사이 선생님은 "이 레몬을 어떤 물체로 바꿔 보자."라며 레몬에 동판과 마그네슘 리본을 평행하게 꽂으며 전자 오르골에 도선으로 연결했습니다. 그러자 전자 오르골에서 소리가 나기 시작했습니다. 레몬이 바로 전지가 된 것입니다.

여기에서 아사이 선생님은 혼잣말을 하듯이 발문했습니다.

"어떻게 소리가 났을까?"

그 순간 아이들에게 침묵이 감돌기 시작했습니다. 그중 한 명이 입을 열었습니다.

"레몬 때문에 전류가 흘렀어요."

그것은 틀림없었습니다. 하지만 그것만으로는 레몬이 전지가 된 이유에 대해 설명할 수 없었습니다. 이렇게 아사이 선생님은 "과일이 전지가 되는 원리를 살펴보자."는 이번 수업 시간의 학습 과제를 제시했습니다.

정말 매력적인 과제 제시였습니다. 오르골이 울린 순간, 여러 명의 아이들이 입을 반쯤 벌린 채 있던 모습만 봐도 알 수 있습니다. 아이들의 그 표정에서 과일이 전지가 되었다는 사실이 얼마나 큰 영향을 주었는가는 물론 아이들의 머릿속에서 무언가가 움직이기 시작했다는 것도 느낄 수 있었습니다.

그런 아이들에게 아사이 선생님은 모둠에서 함께 생각하도록 했습니다. 모둠 학습을 도입하는 타이밍이 매우 적절했습니다. 이렇게 해서 저는 눈앞에서 4인 모둠의 매우 흥미로운 관계를 보게 되었습니다.

❷ 모둠 학습의 시작

이 모둠의 멤버는 4명으로 마미, 카즈시, 류스케, 사유리였습니다. 모둠이 되자 바로 마미가 앞에 앉아 있던 카즈시에게 작은 소리로 이야기를 건넸습니다.

"산酸이 관계가 있는 거 아닐까?"

카즈시는 아무 말도 하지 않고 고개를 끄덕였지만 어떻게 대답해야 좋을지 잘 모르는 듯했습니다. 그때, 바로 가까이에 있는 모둠에서 '산酸이……'라는 소리가 들려오기 시작했습니다. 그 순간, 마미는 자기 뜻대로 되었다는 듯이,

"거봐. 역시 산과 관련 있어."

라고 중얼거리며 이번에는 옆에 앉아 있는 류스케를 향해 말을 걸었습니다.

"있잖아. 상관있지?"

류스케는 그때까지 혼자서 곰곰이 생각하고 있었습니다. 아마 이 아이가 4명 중에서 가장 지적으로 사고할 수 있는 아이라고 여겨서 다른 세 명이 류스케에게 의지하는 것 같았습니다. 류스케가 마미의 물음에 대답했습니다.

"그런 것 같아."

그 후 수업은 모둠별로 레몬을 짜서 레몬즙을 만들고, 거기에 동판과 마그네슘 리본을 꽂아 넣어 도선을 연결하고 전자 오르골을 울리게 하는 실험으로 진행되었습니다. 물론 단순히 오르골을 울리게 하는 것이 목적이 아니라, 왜 오르골에서 소리가 나는지를 생각하기 위한 것이었습니다.

저는 그 과정에 흥미가 생겨 이 모둠의 모습을 계속 지켜보기로 했습니다.

처음에는 도선을 연결해도 오르골이 울리지 않자 카즈시가 말했습니다.

"(연결 방법이) 반대인 거 아냐?"

류스케가 도선의 연결 방법을 반대로 하자 오르골 소리가 울려 퍼지기 시작했습니다.

그림 4

"소리 난다!"

기뻐하는 4명. 마미가 매우 신기하다는 듯이 중얼거렸습니다.

"전지(건전지라는 의미)가 없는데도 소리가 나네?"

이때, 아이들은 오르골 소리가 난다는 사실에 사로잡힘과 동시에 마미의 말처럼 전지와 같은 작용이 일어난 것, 그리고 전지와 같은 극성과 전류의 방향성이 존재한다는 것을 깨달았습니다.

이윽고 지금까지 아무 말도 하지 않고 지켜보던 사유리가 말했습니다.

"어느 쪽 전지가 더 셀까?"

그것은 레몬전지를 건전지와 비교하였기 때문에 생겨난 물음이었습니다. 레몬전지의 조작이라는 구체적인 실험에 대해 아이들의 의문이 잇따랐습니다. 그것을 순수하고 솔직하게 말하고, 서로의 생각을 듣고 반응하는 것이었습니다. 모둠 학습이 아니면 일어날 수 없는 배움의 방식입니다.

또다시 마미가 도선이 연결되어 있는 동판과 마그네슘 리본을 만지작거리며 입을 엽니다.

"전류가 흐른다는 게 증명되었네."

즉, 전지가 되었다는 것은 건전지가 없어도 레몬즙에 의해 전류가 흐른 것이 확실하다는 말입니다. 이 말에 류스케의 표정이 변했습니다. 류스케는 이때 전기가 어느 쪽에서 어느 쪽으로 흘렀는지 생각하기 시작했을 것입니다. 그것을 알아차린 것은, 바로 그 옆을 지나고 있던 아사이 선생님에게 류스케가 다음과 같이 질문을 했기 때문입니다.

"어느 쪽이 플러스극이에요?"

"서랍 안에 건전지가 있으니까 해 봐."

가르쳐 주지 않고, 학생에게 직접 해 보게 함으로써 발견하도록 하는 대응이었습니다. 곧 카즈시가,

"해 보자."

하고 말했습니다. 류스케는 건전지에 도선을 연결했습니다. 그리고 어떻게 연결하면 소리가 날까, 어느 쪽이 플러스극일까 생각하기 시작했습니다.

❸ 본 것에서 화학적 사고로

이로써 아이들의 발견이 일단락되었습니다. 마미는 변함없이 도선을 만지작거리고 있습니다. 잠시 후에 갑자기 마미가 말했습니다.

"어? 이거, 맞붙이면 소리가 안 나네."

마미는 동판과 마그네슘 리본을 우연히 접촉시켰는데 그러자

소리가 나지 않았던 것입니다. 즉, 직접 맞붙이면 오르골이 안 울린다는 발견을 한 것입니다. 마미는 말했습니다.

"마그네슘 리본을 동판에 맞붙이면 안 되겠네. 그렇다면, 이건 마그네슘 리본이 산酸에 반응한다는 거 아냐?"

마미의 말은 나머지 3명의 마음을 끌어당겼습니다. 그리고 마미가 몇 번이나 '이것 봐.'라고 중얼거리는 것을 바라보았습니다. 나중에 알게 된 것이지만, 아마 이쯤부터 류스케의 머릿속에서는 이온이 등장했던 것 같습니다. 이때부터 혼자서 프린트에 화학식을 적기 시작했기 때문입니다.

아이들은 실제로 만져 보고, 직접 자기 손으로 해 봄으로써 이러한 발견을 하게 됩니다. 마미가 한 말은, 동판과 마그네슘 리본 사이에 있는 레몬즙에 무언가가 일어났다는 점을 보여 주고 있습니다. 마미는 그것을 '반응'이라는 말로 표현했습니다. 그것이야말로 단원명대로 '화학반응'이었습니다.

마미에게는 아직 이론적인 생각은 없었습니다. 하지만 현실의 것을 만지고 살펴보고 실감함으로써 화학변화에 관련된 중요한 것을 발견할 수 있었던 것입니다. 마미의 깨달음은 소박했지만, 그러한 소박한 깨달음이 지적으로 생각할 수 있는 류스케를 움직였습니다. 그리하여 류스케는 화학변화라는 세계에 한 걸음 더 발을 들여놓게 되었습니다.

저는 이러한 모습을 바라보며 학생들의 소박한 깨달음이 얼마나 중요한지 생각했습니다. 그리고 그러한 소박한 깨달음을 눈으로 보이지 않는 화학변화라는 추상적 이론과 연결하는 것이야말로 이러한 배움의 가장 중요한 핵심이 아닐까라고 생각해 왔던 것입니다.

물론 실제로 보이는 것을 이론적인 것에 연결하기 위한 대화는 좀처럼 가능하지 않지요. 그래서 이 반 아이들도 아직 거기까지는 도달하지 못했습니다. 그렇기 때문에 어딘가에서 교사가 연결을 해 주어야 합니다. 하지만 그전에 여기에서 중요한 것은 아이들이 깨달음의 연쇄에 따라서 무언가를 탐구해 가는 배움이 전체 학습으로는 불가능하며, 어떻게 해서든지 모둠 학습이 필요하다는 점입니다. 모둠 학습은 전체 학습으로는 실현할 수 없는 아이들의 상호 호혜적인 배움을 낳을 수 있기 때문입니다. 그것은 전체 학습을 하기 위한 전 단계로 하청 같은 개념이 절대 아닙니다. 모둠 학습 자체의 장점인 것입니다.

그 후 이 모둠에서는 다음과 같은 말이 나왔습니다.

"전자를 전달하였으니까……."

"진짜? 무슨 말이야? 전자라는 게 어디에 있는데?"

"레몬즙을 통해서 전달이 일어났단 말이야?"

전자의 전달은 육안으로는 보이지 않습니다. 그것을 화학변화로 납득하여 이해하는 것입니다. 그 벽을 학생들이 넘어서려고 하고 있는 것입니다. 참으로 여기에 과학 교과의 배움이 존재한다고 생각했습니다. 아이들은 거기까지 자신들의 깨달음과 함께 배움에 도달하고 있는 것입니다.

❹ 아이들이 이 시간에 도달한 것

모둠 학습은 계속 이어졌습니다. 그만큼의 시간을 모둠에 맡길 수 있었던 것은 아사이 선생님이 배움이란 이처럼 아이들의 상호 관계 속에서 생긴다는 확신을 갖고 있었기 때문일 것입니다. 그렇기 때문에 그러한 기대에 부응하듯이 아이들에게 아주 훌륭한 깨달음이 생겨난 것입니다.

"마그네슘 리본 끝이 녹아서 작아졌어."

마그네슘 리본 끝이 녹았다, 이것은 이온의 존재와 이동에 관한 것입니다. 즉, 이 발견이 화학변화에 대한 이해로 연결된 것입니다. 아이들의 이러한 호기심과, 무엇이든 해 보는 순수함이 이러한 깨달음을 만들어 낸 것입니다.

류스케가 이러한 발견에 이어 다음과 같이 이야기했습니다.

"마그네슘 리본이 녹고 동판 쪽에 거품이 생겨난 것은 레몬즙 안에서 전자의 전달이 있었기 때문이니까, 수소가 발생한 거라고 생각해."

한 반에는 다양한 아이들이 있습니다. 이 4명, 그중에서도 마미와 류스케의 관계는 그 전형의 하나로 볼 수 있습니다. 그리고 거기에서 아주 흥미로운 것을 깨닫게 됩니다. 눈에 보이는 것, 손으로 만질 수 있는 것에서 소박한 깨달음을 얻는 마미. 하지만 이 아이는 이론적으로 생각하는 것은 서투릅니다. 그에 반해 마미의 발견에 자극을 받아 그로부터 추상적이고 이론적으로 생각할 수 있는 류스케. 이렇게 특성이 다른 아이들이 차이를 넘어 대등하게 함께 배우는 것이 얼마나 중요한지, 하나의 모둠 안에서 이렇게 흥미로운 관계가 생겨나는 것을 우리 교사들은 어디까지 알고 있을까요. 아이들의 배움을 만들어 내려면 간과해서는 안 되는 일인데도 실제는 거의 모르고 있는 것이 아닐까요.

물론 활동으로부터 생겨나는 즉물적卽物的 사고와 이론적 사고를 어떻게 연결할까, 또는 이론적인 세계로 어떻게 유도할 것인가에는 어려움이 있습니다. 그것은 아이들에게만 맡겨서는 안 된다고 생각합니다. 하지만 이렇게도 순수한, 마음이 격동치는 듯한 모둠 학습이 있기에 이를 계기로 이론적인 세계로 연결할 수 있는 것입니다.

모둠 학습은 아이만의 배움의 세계입니다. 그만큼 아이의 속도로 배움이 진전되고, 순수한 말로 가득합니다. 그러한 순수함 속에서 교사가 끌고 가는 전체 학습으로는 절대 나오지 않는 깨달음이 얼굴을 내밉니다.

아이들의 배움에서 모둠 학습은 필수입니다. 이것을 과학 수업과 앞에서 소개한 국어 수업이 분명히 보여 주고 있는 것 아닐까요.

2. 모둠 학습이 배움의 중심이 될 때

(1) 모둠 학습이 성립할 때

모둠 학습에서 얼마나 풍부한 배움이 생기는지, 아이의 배움의 세계는 얼마나 매력적인지는 앞에서 소개한 두 사례가 단적으로 보여 주고 있습니다. 이렇게 아이를 매료시키는 배움은 일제 수업으로는 절대 생겨나지 않습니다. 이제 여러분은 일제 수업에서 탈피한 '함께 배우는 것'의 소중함, 특히 모둠 학습이 얼마나 중요한지를 분명히 느낄 수 있었을 것입니다.

그렇지만 모둠 학습을 충실히 하여 '함께 배우는 교실'로 전환하려고 할 때, 도대체 무엇부터 시작하면 좋을지 잘 모를 수도 있습니다. 아이가 행하는 모둠 학습은 '어떻게 지도할까'라는 교사의 발상으로는 실현할 수 없기 때문입니다. 교사는 일제 수업 형태의 지도법에서 벗어나야 합니다.

여기에서 중요한 것은 아이에 대한 접근 방법을 '~하게 한다'에서 '기른다', '도와준다(뒷받침한다, 지원한다)'는 방향으로 전환하는 것입니다. 이를 위해 이번 장에서는 모둠 학습에서 중요한 것, 고려해야 할 것 등과 관련된 기본적인 사항에 대하여 말씀드리겠습니다.

❶ 모둠과 반班＊의 차이

모둠 학습은 지금까지 반별 학습＊＊이라고 불려 왔습니다. 즉, '모둠'이라고 부르기도 하고 '반班'이라고 부르기도 하며, 모둠과 반은 같은 의미로서 사용되어 온 듯합니다. 하지만 이 두 용어에는 꽤 큰 차이가 있습니다. 그 차이점을 확실히 인식하고 모둠 학습이 어떤 것인지 자기만의 원칙을 가지고 구체적으로 실시했으면 합니다.

'반班'이라는 한자는 2개의 '구슬玉'과 중간의 '칼刂'로 이루어져 있습니다. '刂'는 '칼'을 의미하므로, '한 개의 구슬의 정중앙을 두 개로 분할한다.'는 뜻을 나타냅니다. 거기서부터 생각해

■원서에서는 일본어로 '반班'이라고 표기되어 있지만, 여기에서 말하는 '반'은 한국의 '조組' 개념과 일치한다. 단, 원서에서는 '반班'에 대한 한자 설명이 있기에 그대로 '반'으로 표기한다.
■■'반별 학습'이란 한국에서 '조별 학습'을 의미한다.

보면 '반'이란 원래 한 개의 큰 '구슬', 즉 큰 조직이라든지 집단을 분할하여 만든 작은 모임이 됩니다. 이것은 전체가 중요하다는 것을 의미하는 것으로, 반은 그 전원의 활동이 원활해지도록 전원의 배움에 기여하기 위해 만들어진 단위라고 생각할 수 있습니다. '조별 학습'이란 이러한 사고방식을 기초로 한 개념입니다.

그에 반하여 '모둠'이란 '공통점을 가진 사람과 사물의 모임'이라고 사전에 쓰여 있는 것과 같이, 낱개를 기본으로 하여 그 낱개가 모여서 할 수 있는 것입니다. 즉, 몇 명이 모인 집단을 기초로 하여 존재하는 것이 아닙니다. '개인'이 뿌리가 됩니다. 한 명한 명이 어떤 배움을 실현하는지가 중요하므로 그 개개인의 배움을 충실히 하기 위하여 다른 사람과 생각을 교류하는 모둠을 구하는 것입니다.

그렇게 생각한다면 교실에서의 배움에 있어서는 '모둠'이라는 용어가 더 바람직하다고 생각합니다. 학교라는 곳은 한 명 한명의 배움을 보장하는 곳이어야 하기 때문입니다. 학교란 전체에서 한 개의 결론을 내기 위하여 모든 아이를 하나의 색깔로 물들이는 것을 목적으로 지도하는 곳이 아니기 때문입니다.

❷ 모둠 학습을 가능하게 하는 조건

모둠 학습은 교사가 주도하는 전체 학습과는 달리 아이들끼리의 관계를 바탕으로 진행되므로 아이들 사이에 명확한 목적의식과 학습 방식에 대한 공통 의식이 길러지지 않으면 안 됩니다. 이는 지금까지 일제 수업에서 길러온 지도 방법으로는 만들어 낼 수 없습니다. 그런 의미에서 한 사람 한 사람의 배움을 만들어 내는 '모둠 학습'에서 어떤 점을 중요시해야 하는지 그 실현 조건에 대하여 생각해 보겠습니다.

● 매력적인 과제 제시하기

배움이 시작될 때, 그곳에는 반드시 매력적인 과제가 있습니다. 물론 그것은 아이에게 매력적인 과제여야 합니다. 일반적으로 교사는 과제 제시에 그다지 신경을 쓰지 않는 경향이 있습니다. 그냥 간단히 주고 맙니다. 교사의 관심은 오로지 어떻게 가르칠까에 집중되어 있기 때문입니다.

알기 쉬운 수업을 하려는 교사일수록 아이에게 너무 쉬운 과제를 주는 경향이 있습니다. 하지만 아이에게 매력적인 것은 쉬운 과제가 아닙니다. 정말 알고 싶다, 생각해 보고 싶다는 의욕이 생기려면 적절한 수준의 어려운 과제여야 합니다. 앞에서 말씀드린 것처럼 빨리 아는 것이 재미있는 게 아니라 알 수 없는 것에 도전하는 게 매력적인 것입니다. 그러므로 그러한 매력을 느낄 수 있는 아이로 기르지 않으면 안 됩니다.

교사들은 전문가로서 연찬을 하면서 아이를 보는 안목을 길러 매력적인 과제를 만드는 것, 아이들에게 제시하는 방법을 생각해야 할 것입니다.

● 함께 배울 수 있는 모둠 구성

교사들은 더 나은 배움을 위해 어떻게 모둠을 구성하면 좋을까에 많은 관심을 갖고 있습니다. 그중에는 이 아이를 이쪽 모둠 아이와 같은 모둠으로 해 볼까, 그런 것까지 생각하고 있는 교사들도 있습니다. 저는 교사들이 아이들에 대한 선입견을 버리고 자유롭게 모둠을 구성해도 좋다고 생각합니다. 즉 어떻게 짜든 상관없다는 말입니다. 그래야만 혹시 모둠 학습이 잘 안 되더라도, 그 상황에 대응해 나가는 모습이 함께 배우는 학급을 기르는 이정표가 될 수 있습니다.

단, 남자만으로 구성한다든지, 여자만으로 구성하는 모둠은 좋지 않습니다. 남녀를 혼합하여 자리 배치하는 것이 좋습니다. 남녀의 관계가 생기는 편이 의욕을 높일 수 있을 뿐만 아니라, 배움도 확실히 깊어지기 때문입니다.

모둠 인원수는 4명이 가장 적절합니다. 4명이라면 모둠 활동에 맞게 책상을 맞붙일 때 서로 거리 차가 생기지 않고 가장 듣기 쉽고 이야기하기 쉽습니다. 또한 4명 모둠일 때 자기 이외 3명의 생각과 견주어 볼 수 있는 횟수가 늘어납니다. 그것은 사고가 점점 복잡해져 가는 것을 의미합니다. 그보다 인원수가 많아지면 어느새 한 명, 두 명이 이야기에서 벗어나게 되므로 문제가 됩니다. 함께 배울 수 있는 인원수 역시 4명, 그것이 무리인 경우에는 3명이 좋습니다.

● 함께 듣는 모둠 만들기

한두 명의 아이가 말을 독점해 버리는 모둠이 되어서는 안 됩니다. 그렇게 되지 않도록 하려면 반드시 모든 아이들의 생각을 듣겠다고 약속을 해야 합니다. 이야기하고 싶어 하지 않는 아이도 있을 수 있습니다. 그러한 아이에게는 다른 아이가 말을 걸어서 뭐든 좋으니 "말해 줬으면 좋겠어.", "듣고 싶어."라는 의사를 표시하게 합니다. 만약 몰라서 곤란해하는 것 같으면 무엇을 모르겠는지 물어보는 것입니다.

일반적으로 모둠은 함께 이야기를 나누기 위해 구성하는 것이라고 여기는 경향이 있습니다. 틀린 말은 아니지만 그보다는 '함께 듣기 위한 것'이라고 의식했으면 좋겠습니다. 단순히 말하는 것만 의식한다면 함께 배우기 어려워지기 때문입니다. 그중에는 4명이 순서대로 이야기하고 순서가 끝나면 침묵에 휩싸이는 경우도 있습니다. 이것은 "모둠에서는 한 명 한 명 차례대로 말하는 거야."라고 지도하고 있기 때문입니다. 그와는 달리 "나도, 나도!" 하면서 서로 말하려고 흥분하여 목소리가 커지는 경우도 있습니다.

함께 배우는 것은 그런 것이 아닙니다. 함께 배우는 것은 함께 생각한다는 것입니다. 생각하기 위해서는 다른 사람의 생각을 잘 들어야 합니다. 들은 것과 자신의 생각을 비교한다든지, 교재를 다시 보며 생각하지 않으면 안 됩니다. 그러므로 배움이 일어나는 모둠 학습에서는 아이들의 의식은 적극적이지만 차분한 분위기가 이루어집니다. 절대 흥분해서는 안 됩니다.

● 생각 정리하지 않기

모둠과 조의 차이점을 설명했듯이 모둠 학습에서는 다른 사람의 생각과 견주어 봄으로써 한 사람 한 사람이 자신의 생각을 발견하고 정리하는 것을 목표로 합니다. 따라서 처음부터 한 가지 생각으로 정리하는 것을 목표로 하지 않습니다. 모둠 활동을 통해 생각이 하나로 정리되는 경우는 있습니다.

조별 학습이라면, "우리 조에서는, ~라는 것으로 되었습니다." 등과 같이 발표하는 경우가 많겠지만, 모둠 학습에서는 누군가가 대표로 발표하지 않습니다. 한 사람 한 사람이 배우고 있기 때문에 같은 모둠에서 몇 명이 발표해도 좋고 모둠원들과 다른 생각을 발표해도 됩니다. 그러니까 '조장'이라는 역할은 필요하지 않습니다. 정리하기 위해 누군가가 이끌어 나갈 필요가 없기 때문입니다. 모둠 학습에서는 한 사람 한 사람이 배움의 '주역' 입니다.

● 교사는 끼어들지 않기

모둠 학습은 아이들이 서로의 생각을 들으면서 배워 가는 배움의 장입니다. 따라서 아이들 간의 직접적인 대화가 중요합니다. 그럼에도 불구하고 그러한 대화에 끼어들어 말을 거는 교사의 모습을 자주 봅니다. 무언가 지도를 하지 않으면 안 된다는 생각 때문일까요. 그런 교사는 아이들 간의 관계성을 끊고 결국 쓸데없는 관여를 하는 것입니다. 모둠 학습이 시작되었다면 교사는 쓸데없이 끼어들지 말아야 합니다.

그러면 아이들이 모둠 학습을 하는 동안 교사는 무엇을 해야 할까요.

먼저 명심해야 할 점은 모둠 전체의 활동 모습을 개관하는 것입니다. 하나하나의 모둠이 서로 배워 가는 분위기가 되고 있는지 그렇지 않은지를 확인할 수 있도록 살펴봅니다. 그리고 배움이 일어나기 어려운 상황에 있는 모둠에는 어떠한 조치를 취해야 합니다.

그러한 조치가 필요한 모둠이 없다면, 어쨌든 교사는 아이들을 신뢰하며 계속 지켜보아야 합니다. 어떤 것을 함께 배우고 있는지 알아보려고 모둠 사이를 돌아다녀도 좋지만 부산스럽게 다녀서 아이들의 배움을 방해해서는 안 됩니다. 아이들이 차분하게 배울 수 있도록 하는 것이 중요하기 때문입니다.

그러나 만사태평하게 시간이 흐르는 것을 기다리고 있어서는 안 됩니다. 말을 줄이고 무턱대고 돌아다니지 않더라도 교사는 모든 모둠에 계속 시선을 두고 귀 기울여야 합니다. 거기에서 아주 멋진 배움이 일어나고 있을지도 모르니까요.

그렇게 신경을 써도 앞에서 소개한 것과 같이 아이들의 배움을 상세히 파악하기란 매우 어려운 일입니다. 아니, 알 수 없을 거라고 생각하는 편이 나을지도 모릅니다. 하지만 이것은 당연하다, 모둠 학습은 이것으로 됐다고 결론짓는 것이 좋습니다. 아이들의 이러한 배움은 모둠 학습을 하지 않으면 일어날 수 없으므로 그것으로 됐다고(충분하다고) 생각하는 것입니다.

하지만 때로는 이렇게 멋진 일이 일어나고 있다는 것을 교사가 알게 되었으면 좋겠습니다. 알게 되면 모둠 학습의 중요성을 마음속 깊이 느낄 수 있을 것입니다. 그래서 언젠가 아이들이 함께 배우는 것을 곰곰이 살펴보려고 모둠 곁에서 귀를 기울이게 되면 좋겠습니다.

교사가 아이들 안에서 어떤 배움이 생겨나고 있는지 파악할 수 있으면서 아이에게도 의미 있는 방법이 또 한 가지 있습니다. 그것은 모둠 학습이 끝난 후 배운 것을 반성하여 기록하도록 하는 것입니다. 누구의 어떤 생각을 자신과 견주면서 배움이 일어났는지 쓰게 하는 것입니다. 아이는 배운 것에 대해 쓰면서 함께 배운 것을 의식하는 한편 나아가 다시 배울 수 있으며, 교사는 모둠 학습에서 어떠한 배움이 일어났는지 사실을 알 수 있습니다.

단, 어디까지나 모둠 학습은 아이들 안에서 일어나는, 아이를 위한 배움의 시간이라는 것을 명심해야 합니다. 그러므로 교사는 자신이 좋은 수업을 하는 것보다 아이 안에서 배움이 일어나는 것이 중요하다고 생각해야 합니다. 그렇게 하기 위해서는 어떤 일이 있어도 교사가 전면에 나서려고 해서는 안 됩니다.

● 언제 도입할 것인가, 그리고 언제 끝낼 것인가

모둠 학습을 어느 시점에 도입할까, 그리고 언제 끝낼까도 중요합니다.

먼저, 도입할 시점에 대하여 말하자면 한마디로 '이때다'라고 단정할 수는 없습니다. 그때그때 아이들의 배움의 상황, 특히 그 때까지의 전체 학습에서 어떠한 생각이 오가고 있었는지, 그 상황 속에서 판단해야 하는 것이기 때문입니다.

단, 중요한 것은 '여기에 모둠 학습을 도입해야겠다.'고 교사가 계획했더라도, 그러한 교사의 의도만으로 도입을 해서는 안 된다는 점입니다. 아무리 계획된 모둠 학습일지라도 아이들의 필요와 일치하는 곳에서 도입해야 합니다. 아이들이 언제 모둠 학습을 필요로 하는지 잘 모르는 교사는 그러한 판단을 내릴 수가 없습니다. 또한 모둠 학습을 할 내용이 거의 없는 곳에서 도입하는 교사도 있습니다. 사실, 배움의 앞을 내다보지 못하는 교사는 어느 단계에서, 어떤 과제로 모둠 학습을 넣으면 좋을지 판단하지 못합니다.

모둠 학습이 필요한 장면은 여러 가지가 있습니다. 그중 가장 중요한 것은 모둠 학습은 '도대체 뭘까?'라는 의문과 과제가 떠올랐을 때 탐구하기 위한 것이라는 점입니다. 그 외 아직 탐구 목표가 정해지지 않은 단계에서 서로의 생각을 교류하는 경우도 있는가 하면, 중요한 것을 전원에게 확인시키기 위해 도입하는 경우도 있습니다. 어쨌든 이때만 넣어야 한다는 식으로 생각해서는 안 됩니다. 아이들의 배움에 필요한 경우라면 언제든 넣어야 합니다.

어려운 점은 언제 끝낼 것인가입니다. 몇 분 후 끝낼 거라고 미리 시간을 정해 놓는 사람도 있는데 그것은 좋은 방법이 아닙니다. 또 타이머를 사용하는 경우도 있는데 종료를 알리는 종이나 음악이 울릴 때 저는 인간의 배움이 기계에 좌우되고 있는 듯한 끔찍한 느낌이 들곤 했습니다.

언제 끝낼 것인가는 아이들의 배움의 상황에 따라 판단하면 좋을 것입니다. 어느 때는 예정보다 빨리 끝내도 좋으며 좀 더 늘려도 됩니다. 중요한 것은 아이들의 배움입니다. 지금 배우고 있는 아이들에게 시간이 얼마만큼 필요한가, 그리고 배움의 향방과 균형을 고려했을 때 모둠 학습에서 얼마나 가능성이 있는가, 이를 바탕으로 직감적으로 판단하는 것입니다.

그러므로 끝내는 시점은 교사가 아이들의 상황과 배움의 향방을 감지할 수 있는지에 달려 있습니다.

(2) 모둠 학습에 배움의 중심을 두기
-초등학교 5학년 수학 〈분수의 덧셈〉

저는 매년 여러 수업을 보아 왔습니다. 최근에는 대부분의 수업에 모둠 학습이 들어가고 있습니다. 그만큼 협동적 배움의 장을 중요시하는 의식이 확산되었다는 것으로 볼 수 있으니 기쁜 일입니다. 하지만 아직도 전체 학습이 주를 이루고 있습니다. 주가 되는 전체 학습을 다지는 하청과 비슷하게 모둠 학습이 실시되고 있다고나 할까요.

모둠 학습이 중심이 되는 수업은 불가능할까요? 저의 이러한 제언을 받아들여 과감히 도전한 교사가 있습니다. 이즈미시립 츠루야마다 이키타 초등학교의 기무라 유우코(木村 祐子, 현 이스미시립 시노다 초등학교) 선생님입니다. 기무라 선생님이 실시한 수업은 수학, 제재는 '분수의 덧셈'이었습니다.

❶ 모르는 것에서 출발하는 모둠 학습

수업의 도입 부분에서 기무라 선생님은 토마토 주스의 실물을 보여 주며 아이들에게 다음과 같은 과제를 제시했습니다.

선생님이 아주 좋아하는 1리터짜리 토마토 주스를 두 개 샀어요. 선생님은 그중에 주스 한 개를 마셨고 1/3리터가 남았어요. 다음 날, 선생님의 남편이 선생님도 모르게 다른 주스 한 개를 열어서 마셨어요. 알아차렸을 때는 1/2리터가 남은 주스 페트병이 식탁 위에 있었어요.

남은 주스를 냉장고에 넣어서 시원하게 보관하고 싶은데, 냉

장고가 좁으니까 페트병 하나에 모아서 넣고 싶어요.

(칠판에 '1/3리터와 1/2리터를 합하면 몇 리터가 될까요?'라고 쓴다.)

페트병 하나에 들어갈까요? 넘치지 않을까요?

과제의 의미를 파악한 후 아이들은 바로 모둠이 되어 함께 배우기 시작했습니다.

저는 몇 개의 모둠을 돌면서 아이들의 모습을 살펴보았는데 어떤 모둠이든 '1/3 + 1/2'라는 식을 세웠으며 아이들은 그 계산 방법에 대해 함께 이야기를 나누고 있었습니다.

어떤 모둠에서는 불안한 표정을 지으며 서로 다른 분모를 그대로 더했습니다. 그림으로 그리기 시작한 모둠도 있었지만 모둠원 네 명과 공유되는 단계에는 이르지 못한 듯했습니다. 다른 모둠에서는 한 명이 통분하여 계산하는 방법을 설명하고 있었지만, 다른 세 명은 납득이 안 간다는 표정으로 듣고 있었습니다. 즉, 각각의 모둠은 과제 해결에 착수했지만 아직 혼돈 속에 있는 상태였습니다.

"아직 이야기하고 있는 중인데, 어려운 부분이 있나 봐요. 어디가 어려운지 알려 줄래요?"

몇 명이 손을 들었는데, 그중 두 명의 아이가 해 보고는 있지만 분모가 달라서 이대로 해도 되는지 잘 모르겠다고 말했습니

$$\frac{1}{3} + \frac{1}{2} = \frac{1}{5}$$

$$\frac{1}{3} + \frac{1}{2} = \frac{2}{5}$$

그림 5

다. 아이는 그렇게 말하면서 모둠에서 나온 두 개의 계산식을 칠판에 썼습니다. 유감스럽게도 그림 5와 같이 틀린 식이었습니다. 그러자 기무라 선생님은 이 계산식에 대해 다른 아이들의 생각을 물어보는 대신 이렇게 말했습니다.

"여러분들이 어떤 점을 고민하고 있는지 알겠어요? 이것에 대해 모둠으로 함께 이야기해 보세요."

그리고 다시 모둠 학습을 시켰습니다. '분모가 다른 분수를 어떻게 더해야 할까'라는 목표가 정해지고, 그중 어디에서 문제가 되고 있는지 드러난 후 모둠 학습으로 다시 되돌아간 것입니다. 여기에는 어디까지나 모둠 학습으로 모든 아이들의 사고를 이끌어 내려는 기무라 선생님의 의도가 숨어 있었습니다. 그러한 의도는 다음 대화에서도 잘 나타납니다.

"모둠에서 어떤 이야기가 나왔어요?"

기무라 선생님의 유도에 어떤 모둠의 아이가 손에 들고 있던 페트병을 다른 친구들에게 보여 주며 설명했습니다. 이 아이는 먼저 페트병 한 개를 보여 주며 "3분의 1리터가 이 정도이고요." 라며 주스의 양을 손으로 가리켰습니다. 그리고 또 다른 페트병 한 개를 꺼내 앞서 보여 준 페트병의 높이와는 다르게 3분의 1리터의 수면 바로 위에 2분의 1리터가 오도록 해서 "이게 2분의 1리터인데요. 이만큼 이쪽 페트병에 들어가니까 그렇다면 3분의 2리터랑 1리터의 사이 정도가 돼요. 그러니까 5분의 1리터라는 답이랑 5분의 2리터라는 답은 틀린 것 같아요."라고 말했습니다.

이 아이는 실제 페트병으로 양을 보여 줌으로써 분모끼리 합한 1/5도 분자와 분모를 각각 더해 나온 2/5도 정확한 계산 방법이 아니라는 것을 분명히 했고, 계산 방법은 차치하더라도 어쨌든 2/3리터와 1리터 사이 정도일 것이라는 점이 분명해진 셈

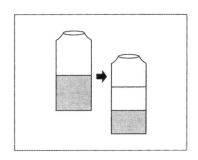

그림 6

입니다.

❷ 모둠 학습을 통해 배움의 방향과 깊이에 다가가기

그러자 기무라 선생님은 이쯤에서 다시 모둠 학습을 지시했습니다. 또한 학습의 중점을 정해 주고 아이들이 함께 생각하는 모둠 학습에 모험을 걸기로 한 것입니다.

셋째 모둠 아이들에게서 나온 생각은 다음 두 가지였습니다.

첫 번째는 먼저 페트병에서 본 주스의 양을 기초로, 두 개를 합한 주스의 전체량을 이끌어 내려는 것이었습니다. 2/3리터와 1리터, 즉 2/3와 3/3의 사이 정도라는 것은 2.5/3라는 것인데 분수 표기에 소수가 포함된 것이 바른 것은 아니지만 그렇게 접근한 아이들의 마음은 알 수 있었습니다. 그러자 곧 분자 분모에 같은 수를 곱해도 분수의 크기는 변하지 않으니까, 각각 2를 곱해 보면 5/6가 된다는 생각이 나왔습니다. 눈으로 가늠해 보고 생겨난 수량이지만 뜻하지 않게 그것은 정답이 되었습니다.

또 다른 생각은 그림을 그려 보는 것이었습니다. 그 아이는 다음과 같이 말했습니다.

"막대로 생각해 봤는데요. 3분의 1리터가 들어 있는 막대 위에 2분의 1리터가 들어 있는 막대를 그려 보면, 3분의 1 사이에 딱 중간에 선이 들어가서 똑같이 선 두 개를 3분의 1 사이에도

그려 보면 1리터가 6개로 돼요(나뉘어요)."(그림 7)

그러자 이 말을 들은 다른 아이가 이렇게 말했습니다.

"이걸(2분의 1리터 부분) 3분의 1 위에 얹으면 되겠네."

이것을 그림으로 표시하면 그림 8과 같이 됩니다.

이렇게 해서 그럭저럭 2개의 페트병에 든 주스를 합치면 5/6 리터가 된다는 점, 그리고 1개의 페트병에 넘치지 않도록 넣을 수 있다는 점을 알게 되었습니다.

그런 다음 기무라 선생님은 다시 모둠에서 생각하도록 지시했는데, 그때 다음과 같은 질문을 던졌습니다.

"분모가 다를 때 어떻게 계산하면 되는지 여기 그림처럼 해 줬네요. 그런데 어떤 친구가 '분모를 같게 하는 거야.'라고 말하는 걸 언뜻 들었는데요, 그건 무슨 뜻일까요?"

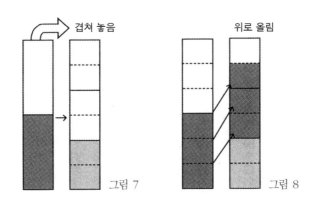

겹쳐 놓음   위로 올림

그림 7   그림 8

1/3의 막대 위에 1/2를 표시한 분수막대를 그리면 그 사이에 선이 들어간다는 아이의 발견은, 1/3을 2/6로, 1/2을 3/6으로 바꾼다는 것이었습니다. 즉, 서로 다른 분모를 공통분모 6으로 바꿔 분모를 같게 한다는 것으로 여기까지 함으로써 아이들은 그러한 사고의 실마리를 발견한 것이었습니다.

더 효율적으로 가르치는 방법은 얼마든지 있을 것입니다. 처음부터 1/5과 2/5라는 잘못된 답이 나오니까 이렇게 시간이 걸렸다고 생각하는 사람이 있을지도 모릅니다. 통분하는 법을 알고 있는 아이가 여러 명 있었을 것이라고 생각하기 때문입니다. 그러한 아이들의 이른바 '정답'은 모둠에 따라서는 살짝 보이기도 했지만 무대로 나오지는 않았습니다. 그것은 기무라 선생님이 선행 학습이 되어 있는 그런 아이들을 특별히 대하거나, 계산 방법에만 주목한 수업을 하지 않았기 때문입니다. 그리고 이 수업에서는 처음부터 '어려운 부분'에 아이들을 집중시켰기 때문이기도 합니다.

기무라 선생님은 이미 알고 있는 아이들의 생각을 기반으로 '이렇게 하는 거야.'라는 식의 수업을 하지 않고 답답해도 모든 아이가 함께 생각해서 발견해 나갈 수 있게 했습니다. 그리고 모둠 학습 사이사이에 모든 아이들이 공유하는 장을 마련하여 모둠 학습의 방향을 제시했습니다. 이것은 어디까지나 모둠에서 배움을 만들어 내기 위한 것입니다.

저는 기무라 선생님의 수업을 오래전부터 보아 왔습니다. 그만큼 이 수업을 감명 깊게 보았습니다. 또한 기무라 선생님이 아이를 대하는 태도가 예전과 비교할 수 없을 정도로 부드러워진 것에 감동했습니다. 그 부드러움은 모둠 학습을 제대로 실천하는 데서 온 것으로, 아이들의 생각을 끝까지 보고, 듣고, 받아들이려고 한 태도에서 자연스럽게 나온 것입니다.

(3) 모둠 학습을 반복함으로써 생겨나는 아이들의 배움-중3 과학 〈지구와 우주〉

❶ 모둠 학습을 여섯 번이나 도입한 이유

야마구치 유우키山口 祐樹 선생님(코마키시립 오지 중학교)은 수업 시간 50분 동안 여섯 번이나 모둠 활동을 도입했습니다. 중학교 3학년 과학 수업 〈지구와 우주〉 4차시의 주제는 '달이 차고 기우는 현상'이었습니다.

선생님께 물어보니 처음부터 모둠 학습을 여섯 번 도입할 계획은 아니었다고 합니다. 물론 모둠 학습이 필수라고 인식하고는 있었지만 여섯 번이나 되리라고는 생각지 못했다는 것입니다. 저는 야마구치 선생님과 여러 가지 이야기를 하고 나서야 드디어 왜 그렇게 되었는지 알게 되었습니다. 선생님은 다음과 같이 생각했던 것입니다.

이날 수업을 준비하던 야마구치 선생님은 자신의 수업을 동료 교사와 장학사에게 보여 주고 협의회를 몇 번 했습니다. 그러면서 자신이 얼마나 아이들을 제대로 관찰하고 있지 않았던가를 깨달았다고 합니다. 수년 전부터 '배움의 공동체'를 동경해 계속 실천해 왔는데도 자신은 가장 기본적인 것조차 되어 있지 않았다는 생각이 든 야마구치 선생님에게는 어떻게든 극복하지 않으면 안 되는 목표가 생겼습니다.

'아이들 한 명 한 명에게 배움이 일어나도록 하고 싶다. 아이들 각자의 배움을 모든 아이들과 공유할 수 있도록 하고 싶다. 아이들을 잘 살펴보고, 아이들의 생각과 생각을 연결하고, 아이와 아이를 연결하도록 해야겠다.'

유우토 선생님은 다시 한 번 이렇게 결심하고 수업에 임했던 것입니다.

중학교 3학년 정도가 되면 아이들은 자기 속내를 쉽사리 보여 주지 않습니다. 야마구치 선생님이 그때그때 아이들을 아무리 잘 관찰하더라도 '그렇게 생각했구나.'라고 납득이 갈 정도로 알아차린다는 것은 불가능할지도 모릅니다. 하지만 어떻게든 모

그림 9

든 아이에게 배움이 일어나도록 해야겠다고 생각했을 때 교사인 자신이 무언가를 하기보다는 '아이들끼리 서로 연결되도록 하면 된다, 아이와 아이를 연결하면 된다, 그렇게 하기 위해서는 모둠을 도입해야 한다.'는 것을 깨달은 것입니다.

첫 번째 모둠 학습은 '이날(11월 17일) 달은 언제, 어느 쪽에서 보일까?'라는 발문으로 시작되었습니다. 각각의 모둠은 그림 9와 같이 지구본, 광원(태양), 흰 공(달)을 받아 암막을 쳐서 어두워진 과학실에서 이런 도구를 사용해 생각해 보는 기회를 가졌습니다.

두 번째 모둠 학습은 첫 번째 모둠 학습 후의 전체 학습에서 몇 명의 아이가 "달은 밤중에 동쪽에 보이기 시작해서 아침이 되면 남쪽으로 와서 낮이 되면 서쪽으로 저물어 간다."라고 말하자 실제 그런지 각 모둠에서 확인해 보는 과제로 실시되었습니다.

세 번째는, '유채꽃과 달은 동쪽에, 해는 서쪽에'라는 요사 부손与謝 乍蕪村의 하이쿠를 보여 주며 "부손이 보고 있던 달은 어떤 모양이었을까?"라는 물음을 던져 모둠 학습을 실시했습니다.

네 번째는 아이 한 명이 모르고 있는 것을 발견하여 도입하였는데, 마사요라는 아이는 그전 과학 수업이 있던 날에 결석했습니다. 그래서 모둠 학습 때에도 잘 몰랐지만 전체 학습에서 어떤 아이의 다음과 같은 설명도 이해하지 못했습니다.

"'해는 서쪽에'라고 쓰여 있으니까 태양이 서쪽이고 저녁이라

그림 10

는 걸 알겠네요. 저녁 때 '달은 동쪽에'라고 되어 있으니까 태양과는 정반대의 위치, 여기에 있으니까 태양의 빛을 받아 보름달이 돼요."

이 아이는 그림 10과 같이 칠판에 붙인 지구본과 달의 모형(공)을 사용하여 설명했습니다. 하지만 야마구치 선생님은 그 설명을 못 알아듣겠다는 표정으로 듣고 있던 마사요를 놓치지 않았습니다. 야마구치 선생님은 다음과 같이 마사요에게 물었습니다.

"지금 친구 설명을 들어 보니까 어때?"

마사요가 대답했습니다.

"위치 관계는 알겠는데요. 다른 것은 잘……. 전혀 모르겠어요."

마사요는 달과 태양의 위치가 반대인 것은 이해했습니다. '달은 동쪽에 해는 서쪽에'였으니까요. 하지만 왜 보름달이 되는지는 잘 이해하지 못했습니다. 지구본 위에 자신의 위치를 일본에 두고, 서쪽에 해가 저무는 시간의 동쪽의 달을 바라보는 이미지가 잘 떠오르지 않았기 때문이었을 것입니다.

마사요가 '모르겠다'고 하자 두 명의 아이가 설명했지만 결국 마사요는 이해하지 못했습니다. 이 상황에서 야마구치 선생님은 모둠 학습을 도입했습니다. 이번에는 책상을 맞붙인 본격적인 모둠 활동이 아니라 가까이에 있는 아이들끼리 이야기하는 모둠 학습이었습니다.

이런 경우 마사요 한 명만 몰랐던 게 아니었을 가능성이 큽니다. 야마구치 선생님은 마사요가 모른다고 하니까 가까이 있는 아이들끼리 함께 이야기하게 했는데 이는 아마 모른 채로 있던 아이들 몇 명에게도 기쁜 일이었을 것입니다.

아이들은 전체 학습 장면에서는 자유롭게 사용할 수 없었던 도구를 사용하면서 생각하기 시작했습니다. 그리고 전체 학습이 되자 마사요가 바로 "아, 알겠다!"라고 환성을 질렀습니다.

다섯 번째 모둠 학습은 카키노모토 히토마루柿本 人麻呂의 민요를 예로 들어 "'동쪽 들판에 붉은 빛이 비치어 되돌아보니 달이 비스듬히 걸쳐 있네.'에서 나온 달은 어떤 달일까?"라고 질문하면서 실시했습니다. 이번에는 동쪽에 태양, 서쪽에 달이 되니까, 앞서 언급한 부손의 시구에 나온 태양과 달의 위치가 반대가 되는 것입니다. 특히 야마구치 선생님은 일본의 명시 구절을 가져와 달이 나오는 여러 가지 경우를 생각하게 했습니다.

이 경우 또한 방향이 역으로 되고, 시간적으로는 낮을 향하고 있으니까 달빛이 희미해져 가고는 있지만, 보름달에 가까운 형태일 것이라고 아이들은 대답했습니다.

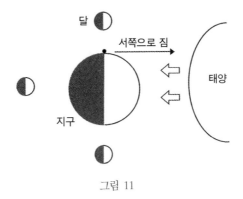

그림 11

❷ 점프가 필요한 과제와 유우헤이의 움직임

수업이 종반을 향해 가고 있을 무렵이었습니다. 여기서 야마구치 선생님은 생각지도 않던 물음을 던졌습니다.

"부손이 본 달이 반달이었다면 어땠을까."

야마구치 선생님은 일부러 "어느 쪽에 나올까."라고 묻지 않았습니다. 지구에서 보았을 때 태양이 서쪽으로 저물 무렵 반달은 어디에 보이는가를 아이들이 발견하도록 한 것입니다. 이른바 '점프가 있는 배움'에 도전한 것입니다.

'점프에 도전할 때에는 반드시 모둠 학습을!'

이것은 철칙입니다. 야마구치 선생님도 모둠 학습을 실행했는데 여섯 번째 모둠 학습이었습니다.

모둠 학습이 끝난 후 반달이 되는 경우는 두 가지가 있으며 이번 경우에는 '위쪽으로부터 남쪽'이라는 생각이 나왔습니다. 그러자 역시 이러한 공간적인 사고에 어려움을 느끼는 아이가 있었습니다. 어떤 아이 한 명이 이렇게 질문했던 것입니다.

"왜 위쪽인 거야? 잘 모르겠어."

그때였습니다. 촬영된 DVD를 보고 알게 되었지만 그때까지 계속 가만히 듣고만 있던 유우헤이가 옆 친구에게 무언가 말을 걸었고 옆 친구는 고개를 끄덕이면서 듣고 있었습니다.

지금까지 마치 관심이 없던 것처럼 보였던 유우헤이가 이러한 행동을 한 것은 그가 점프를 필요로 하는 과제에 반응했다는 것을 보여 줍니다. 점프가 있는 '함께 배우기'에 관해서는 다음 장에서 자세히 설명하겠지만, 이 아이는 다소 어려운 과제를 기다리고 있었던 것이 분명합니다. 그리고 그때 모둠이나 옆 친구와의 대화가 큰 역할을 한다는 것입니다. 유우헤이를 움직인 것은 참으로 과제의 힘이며 함께 배우는 친구와의 연결이었다고 말할 수 있습니다.

이러한 유우헤이의 움직임은 교실 한편에서 조용히 일어난 일이었습니다. 유우헤이가 "부손이 본 달이 반달이었다면?"이라는 물음에 반응했다는 사실에 관해서는 아무도 알아차리지 못했을 것입니다. 유우헤이의 말을 듣고 있던 아이 정도가 눈치챘을 것입니다. 그런데 수업 시간이 거의 끝났을 때 야마구치 선생님이 유우헤이를 지명해서 이렇게 물었습니다.

"방금 남쪽이라든지 북쪽이라든지 그런 이야기가 나왔는데 유우헤이는 어떻게 생각해?"

야마구치 선생님은 옆의 아이에게 말을 건 유우에이의 모습에서 무언가를 알아차렸던 것입니다. 틀림없이 그렇기 때문에 유우헤이에게 물었겠지요.

갑작스런 지명에 깜짝 놀란 것일까요. 유우헤이는 말문이 막혔는지 잠시 생각하다가 "대충 알겠어요."라고 대답했습니다.

유우헤이가 말한 것은 그뿐이었습니다. 야마구치 선생님은 수업 후 "유우헤이의 말을 조금 더 끌어내고 싶었다."라고 이야기했습니다. 그리고 유우헤이는 수업이 끝난 후 그때를 되돌아보며 다음과 같이 적었습니다.

반달로 한다면 어느 쪽에? 그리고 지구를 일본에서 본다면 북극 쪽이 북쪽이니까 남쪽이라고 생각했다. 오늘은 모둠 학습에서 보통 때보다 더 함께 이야기를 나눌 수 있어서 좋았다.

유우헤이에게 배움이 일어난 것입니다. 이것은 다시 말하지만 본인도 쓴 것과 같이 함께 배우는 관계가 있었기 때문입니다.

이것은 이 장에서 계속 말해 온 모둠 학습이 얼마나 중요한지를 보여 주고 있습니다. 모든 아이들의 배움을 열기 위하여 모둠 학습은 필수입니다.

야마구치 선생님은 여섯 번이나 모둠 학습을 도입했습니다. 물론 모둠 학습의 횟수가 많다고 해서 좋은 것은 아닙니다. 그 부분을 오해하지 않았으면 합니다. 그만큼 모둠 학습을 할 수 있었던 것은 선생님이 아이들을 계속해서 주의 깊게 살펴본 결과입니다.

그리고 한 가지 더, 유우헤이를 둘러싸고 일어난 일은 아이를 계속 살펴보고 아이의 배움에 관심을 기울인 야마구치 선생님의 결심이 가져온 것이라는 점도 생각해 보아야 합니다. 아이를 배움으로 이끄는 것도, 의욕을 끌어내는 것도 결국 교사의 아이들에 대한 깊은 시선과 강한 의지에 따른 것입니다. 생각해 보면, 예정에 없었던 과제를 내보고 싶어진 것도 마찬가지입니다.

'모든 아이들의 배움이 눈에 들어왔으면 좋겠다.'

'아이 한 명 한 명에게 배움이 일어나도록 하고 싶다.'

이것은 야마구치 선생님의 이러한 집념이 만들어 낸 결과입니다.

3장
'점프'가 있는 배움의 세계

어째서일까? 이다음은 도대체 어떻게 될까?
과제에 몰입할 때의 높은 탐구심과 깊은 눈빛.

1. 문학 읽기에서 '점프'가 있는 배움

(1) 문학 읽기에서 점프란?

문학 읽기에서 점프를 생각할 때 잊을 수 없는 장면이 있습니다. 읽기에는, 말하자면 '정답'이 있는 게 아니라 다양한 해석이 가능하다는 점이 문학을 문학답게 한다는 것입니다. 그러므로 문학 수업은 교사가 아이들에게 자신이 이해한 방식대로 읽게 하고 확인하는 것이 아니라 아이들 각자가 스스로 읽은 내용을 더욱 깊이 있게 이해하도록 하는 것을 목표로 해야 합니다.

그렇다면 문학 읽기에서 '점프(배움의 도약)'는 어떻게 가능할까요? 읽기에서 아이들이 각자 자신의 이해를 심화시키려면 수업에서 모든 아이들의 점프가 일어나도록 해야 합니다. 저는 예전부터 읽기 시간에 몇몇 아이들이 대표로 읽는 모습을 보며 모두가 같이 읽는 게 무슨 의미가 있을까 하는 의문이 들었습니다.

저는 문학 읽기에서 아이들이 다양한 이해 방식으로 함께 읽는 것에 의미가 있다고 생각합니다. 제2장에서 '모둠 학습을 하기 위한 조건'의 하나로 '생각한 것을 정리해 내지 않을 것'이라는 주제로, "모둠 학습은 다른 친구들의 생각과 마주치면서 각자 자신의 생각을 발견하거나 발전시키는 것을 목표로 합니다." 하고 말한 적이 있습니다. 문학 읽기도 마찬가지입니다.

읽기는 아이 한 사람 한 사람의 것입니다. 그러나 혼자 읽는 것은 한계가 있습니다. 문학은 '언어로 표현되는 예술작품'이므로 언어에 대한 감각이 다르면 읽는 방법도 달라집니다. 자신은 생각지 못한 표현에서 의미를 발견하는 친구들이 여럿 있는 까닭에 이처럼 다른 친구의 다양한 읽기를 만남으로써 아이들 각자의 읽기는 깊어집니다. 그러므로 서로의 읽기를 교류하는 것은 어떤 하나의 정답을 내는 것이 아니라 각자의 읽기를 심화시키는 의미가 있습니다. 따라서 문학 수업은 함께 배우지 않으면 안 됩니다.

그러면 '점프'에 대한 이야기로 돌아갑시다.

읽기에서 '정답'은 아니더라도 뭔가 하나의 '해석'에 이르게 하려고 해서는 '점프'가 일어나지 않습니다. 더구나 교사의 '해석'에 도달하기 위한 점프도 아닙니다.

예를 들어 야마무라의 시 「눈雪」을 함께 읽을 때 "어이, 눈이여." 하고 눈을 부르는 대목에서 대부분의 아이들이 "마치 친구를 부르는 것 같아서 즐거워 보여." 하고 말할 때 한 아이가 "즐거워 보이는 게 아니라 쓸쓸해 보이는 걸."이라고 말했습니다. 이 아이의 생각을 다양한 읽기 방식의 하나로 소개하는 데 그치고 말 것인가, 아니면 이 아이의 느낌을 모든 아이들이 생각해 보도록 할 것인가 하는 판단은 중요합니다. 왜냐하면 이것은 앞으로의 읽기 수준과 아이들이 함께 배우도록 하는 가능성을 좌우하기 때문입니다.

물론 이것은 '즐거워 보인다', '쓸쓸해 보인다' 둘 중 어떻게 생각해도 된다는 것은 아닙니다. 그것은 각자의 아이들이 느낀 그대로 좋다는 것입니다. 하지만 '즐거워 보인다'고 생각한 아이가 이 시의 어디에서 '쓸쓸함'이 느껴지는지를 생각해 보는 것은 의미 있는 일입니다. 당연하게 생각하고 있었던 것에 예상 밖의 한 줄기 빛이 비쳤을 때 한 명 한 명의 아이는 이제까지보다도 더 깊이 교재와 만나게 될 것입니다. 그 결과 '즐거워 보인다'는 느낌이 이전보다 더한 아이도 있을 테고 '즐겁다'는 느낌이 '쓸쓸하다'로 달라진 아이도 있을 것입니다. 이런 점에서 '쓸쓸해 보인다'는 생각은 이전까지의 읽기에 비해 한 단계 도약한

(점프한) 것입니다. 하지만 '쓸쓸해 보인다'는 대답이 나온다고 해서 모든 학급에서 '점프'가 가능하다는 것은 아닙니다. 여기에는 몇 가지 조건이 필요합니다.

하나는 교사 자신이 읽기의 다양성(다양한 이해와 접근)에 대해 제대로 인식하고 있어야 합니다. 아이들에게 둘 중 하나의 선택을 강요해서는 안 됩니다. 이런 것은 문학 읽기가 아닙니다.

두 번째는 교재의 내용 가운데 아이들의 상황과 관련되는 부분에서 다양한 해석이 가능하도록 돕는 적절한 시점의 중요성입니다.

세 번째는 이러한 다양한 읽기가 아이들의 읽기를 심화시킬 것이라는 전망(확신)을 갖지 않으면 안 됩니다. 즉 점프에 대한 가능성이 보인다는 말입니다.

네 번째는 아이들이 서로의 말을 들으려 하고 함께 배우려고 하는 관계가 길러져 있어야 합니다. 즉 자신의 생각을 친구들과 나누며 더 깊이 탐구하려는 '배움의 자세'가 없으면 교사가 아무리 노력해도 헛수고로 끝나고 맙니다. 날마다 '함께 배우기'를 실천해야 합니다. 이것이 점프가 있는 배움의 성립 조건입니다.

아이들이 문학 읽기에서 반복해서 점프를 경험하면 문학작품을 다양한 방법으로 읽는 재미를 실감하게 됩니다. 아이들은 다른 친구들의 읽기를 접하면서 자신의 생각이 흔들리거나 달라

지거나 혹은 자신의 생각을 확신하게 되는 기쁨을 맛보게 됩니다. 이렇게 하면 반드시 문학의 심오함과 매력을 아는 아이들로 자랄 것입니다.

(2) 읽기에서 '점프'가 일어나기 위해서는

❶ 아이들의 생각에서 '점프'가 일어난다

초등학교 4학년 교실에서 있었던 일입니다. 단원은 「하얀 모자」(아만 키미코あまんきみこ 지음, 『4학년 국어』 상권)였습니다. 이날 읽고 있었던 것은 택시 운전사인 마츠이 씨가 푸른 들판 위를 춤추듯 날아가는 나비를 넋을 잃고 바라보는 마지막 장면이었습니다. 수업이 절반쯤 지나고 시간이 얼마 남지 않았을 때 선생님은 아이들이 본문을 소리 내어 함께 읽도록 했습니다.

그 학급에는 차분히 앉아서 배우는 것이 힘든 아이 하나가 있었습니다. 그 아이는 수업이 시작되었을 때부터 몸을 이리저리 움직이더니 자리에서 일어나 돌아다니기 시작했습니다. 그 아이는 그 장면을 읽고 있던 몇몇의 아이들에게 갑자기 이렇게 말했습니다.

"그렇게 읽는 거 아냐."

아이들은 깜짝 놀라 그 아이를 쳐다보았습니다. 모두 그 아이가 무슨 말을 하고 싶어서 그런 걸까 의아한 표정이었습니다. 선생님은 곧바로 아이에게 왜 그렇게 생각하느냐고 물었습니다. 그러자 그 아이는 이렇게 말했습니다.

"'잘 됐구나, 잘 됐어! 잘 됐구나, 잘 됐어!'는 그런 목소리가 아니잖아요. 더 작은 소리여야 해요."

본문에는 '비눗방울이 터지듯이, 그렇게 작고 작은 소리로'라고 쓰여 있으니까 그 아이의 지적은 훌륭한 것이었습니다. 아이들도 책에 그렇게 쓰여 있는 것을 몰랐을 리가 없습니다. 하지만 책을 읽을 때는 또박또박 크게 읽어야 한다는 고정관념 때문에 장면에 관계없이 언제나 힘차게 읽었던 것입니다. 이후에는 당연히 아이들의 읽기 방법도 달라지기 시작했습니다. 또한 선생님이 비눗물을 미리 준비해 두었다가 이 장면에서 비눗방울을 날려 보낸 것도 인상적이었습니다. 아무리 귀를 기울여도 비눗방울이 터지는 소리는 들리지 않는 것처럼 '잘 됐구나', '잘 됐어!'는 들릴까 말까 한 작은 소리로 읽지 않으면 장면을 이해하기 어렵기 때문입니다.

이 이야기는 그처럼 희미한 목소리를 듣고 있는 마츠이 씨의 모습으로 끝납니다. 이 마지막 장면을 여우에게 홀린 듯한 기분으로 '뭔가 이상하다'고 바라보든지, 자신도 마츠이 씨처럼 이야기에 빠져들어 바라보든지, '마츠이 씨, 당신은 자연의 품에 나비를 돌려주었어요. 고마워요.' 하고 생각하며 바라보는 것 등 정말 다양하게 작품을 맛보는 것이 좋습니다. 하지만 어떻게 읽든 이것을 듣는 마츠이 씨의 모습을 본문에서 그리고 있는 대로 상상하며 읽어야 합니다. 이렇게 읽을 수 있었던 기회가 된 것이 바로 "그런 목소리가 아니잖아."라는 한마디였습니다. 그런 의미에서 그 아이의 한마디 말이 '점프(배움의 도약)'를 가능하게 했다고 할 수 있지 않을까요?

❷ 소리 내어 읽는 중에 점프가 일어난다

앞에 예를 들었던 「하얀 모자」에서도 마찬가지입니다만 낭독은 확실히 아이들의 읽기에 점프를 가져옵니다. 초등학교 3학년 아이들이 『장갑을 사러 가요』(니이미 난키치新美 南吉 지음)를 읽고 있었습니다. 혼자 마을에 장갑을 사러 갔던 아기 여우가 모자가게 아저씨에게 자신이 여우라는 사실을 들켜 버렸습니다. 그런데도 아기 여우에게 장갑을 팔아 준 모자가게 아저씨는 아기 여우가 제일 처음으로 만난 인간이었습니다. 아기 여우는 모자 가게 아저씨를 '조금도 무섭지 않아.'라고 생각하였습니다.

수업은 전반, 모자가게에서 장갑을 사는 장면을 읽고 있었는데 그 상황을 확인하기 위해서 본문을 소리 내어 읽는 장면입니다. 한 아이가 그 장면을 진지하게 읽고 있었습니다. 그러자 다 읽고 난 순간 보통은 발언을 거의 하지 않는 한 아이가 떨면서 손을 들었습니다.

그 아이는 이렇게 말했습니다.

"'조금도 무섭지 않아.'라고 했는데, 겨우 한 사람 만났으면서 (인간이 무서운 존재가 아니라는 것) 어떻게 알아요?"

대부분의 아이들은 아기 여우의 느낌에 그대로 다가가고 있던 반면 아기 여우가 만난 인간은 바로 이 사람 하나뿐이었으므로 인간이 '무섭지 않다'고 당연하게 말할 수 없다는 것이었습니다. 이 아이의 말은 다른 아이들과 교사에게도 정말 의외였습니다. 그런데 이 이야기가 '인간들이란 과연 착한 사람들일까?'라는 엄마 여우의 말로 끝나는 것을 볼 때 매우 중요한 지적입니다. 참으로 점프의 기회를 가져온 순간이었습니다.

이처럼 소리 내어 읽은 바로 직후에 나오는 이야기가 중요합니다. 이 아이는 다른 아이들이 읽는 소리를 들으면서 텍스트에 나오는 어휘를 재해석하고 있었던 것입니다. 그렇기 때문에 이런 점을 깨달았던 것입니다. 제2장에서 소개했던 「잊을 수 없는 선물」에서 마미도 유우토의 생각에 흔들리면서도 몇 번이나 텍스트의 문장을 주의 깊게 살피고 단어를 재해석하는 것이 중요하다는 것을 보여 주었습니다. 문학작품을 읽는 과정에서 텍스트와 연결되어 물음을 던지고 대답하는 과정이야말로 문학을 문학답게 감상하는 것입니다.

『장갑을 사러 가요』의 예는 읽고 함께 내용을 이야기하면서 읽어 가는 것이었다면, 읽기 그 자체를 배움의 중심에 두고 음미하는 방법도 있습니다. 작품 읽기는 상세한 설명보다도 작품에 쓰인 말 하나하나를 감각적으로 접하면서 깊이 읽어 갈 수도 있기 때문입니다.

이런 경우에는 좋은 작품을 선정하는 것이 중요한데 검증된 작품을 텍스트로 삼아 아이들이 자신의 목소리로 여러 번 읽도록 하는 것입니다. 암기할 정도로 여러 번 읽게 하면 좋습니다. 문장 자체의 매력, 작품 속 세계의 매력, 등장인물의 매력, 작가가 고심 끝에 사용한 말들을 온몸으로 느끼면서, 그 느낌을 목소리에 담아냄으로써 작품을 맛볼 수 있다고 생각하면서요.

예를 들어, 초등학교 고학년이나 중학생이라면 비교적 긴 장편소설을 일정 기간 정독하게 하는 것도 좋을 것입니다. 네다섯 편의 단편을 엮어 놓은 스기 미키코杉 みきこ의 『작은 마을의 풍경』(偕成社)을 한 편 한 편 암기할 정도로 읽혀서 학급 전체가 『작은 마을의 풍경』을 다시 만들어 보는 것도 재미있습니다.

초등학교 저학년에게 독해를 시키는 대신 낭독을 반복해서 작품의 맛을 깊게 한 사례가 있습니다. 제13회 '수업 만들기, 학

교 만들기' 세미나(도카이 지역 국어 교육을 배우는 모임 주최, 2011년 7월)에서 보고된 이와홍 미유키岩本 みゆき(미에 현 구마노 시립 아리마 소학교 교사) 선생님의 「읽기가 좋아, 듣기가 좋아, 쓰는 것은 더욱 좋아」라는 수업입니다. 마도 미치오まど みちお의 시를 1학년 1학기 국어 시간에 다루었습니다.

이와홍 선생님은 단어의 의미도, 무슨 얘기가 쓰여 있는지도 전혀 알아내려 하지 않았습니다. 어쨌든 다양한 읽기 방법으로 몇 번이나 낭독하게 해서 그렇게 읽는 것을 아이들이 즐기도록 한 것입니다. 그 결과 목소리에 리듬이 생겨서 자연스럽게 몸이 움직이고 아이들은 온몸으로 시의 세계를 즐기기 시작했습니다. 이렇게 해서 읽는 아이도 듣는 아이도 아주 즐거워서 어쩔 줄 몰라 하는 분위기가 교실에 가득해졌습니다.

자세히 독해하지 않는다고 글을 깊이 있게 음미하지 못하는 것은 아닙니다. 물론 어떤 단어를 실마리로 해서 떠오른 것을 서로 이야기하며 작품의 핵심에 깊게 다가가는 읽기는 필요합니다. 하지만 다른 한편으로 낭독은 작품의 세계에 다가갈 수 있게 합니다. 아니, 좋은 작품일수록 몸으로 읽는 낭독이 중요하다고 생각합니다. 그렇게 하지 않으면 문학을 맛보는 감각이 몸에 익혀지지 않기 때문입니다. 좋은 작품은 소리 내어 외울 정도로 읽으면 깊은 맛을 느낄 수 있고 작품에 대한 애정이 생깁니다. 다만 낭독만으로 깊이 이해하려면 진심으로 작품의 세계에 다가가지 않으면 안 됩니다. 그러한 진심을 아이들의 마음에 깃들게 할 수 있느냐 그렇지 못하느냐는 교사의 문학관과 진정성에 좌우됩니다. 낭독을 통해 표현의 매력을 듬뿍 느끼고 있는 교사만이 가능할 것입니다.

또 하나, 아이들의 의욕을 높이는 좋은 방법은 다른 사람이 자신들의 낭독을 들어주는 장을 마련하는 것입니다. 가능하면 외부의 사람들을 대상으로 낭독회를 열면 좋겠지요. 이야기의 재미와 매력을 누군가에게 잘 들려주고 싶을 때 그것 자체로도 분명한 목적을 의식하게 되고 작품의 세세한 부분까지 신경 써서 읽게 됩니다. 그렇게 하면 한 명 한 명의 아이들에게는 '점프'가 되는 것입니다.

문학을 맛본다는 것은 이치를 따지자는 것이 아닙니다. 중요한 것은 말을 매개로 해서 문학의 세계를 풍부한 감성으로 만나는 것입니다. '독해'라고 칭하며 설명만 잔뜩 하지 말고 문학 그 자체와 만나는 낭독을 더욱 중시할 필요가 있습니다.

❸ 협동적 배움을 통해 생겨나는 점프

미야자와 겐지宮沢 賢治의 『나메토코산의 곰』을 5학년 아이들이 함께 읽었습니다. 마지막 장면에 아이들은 몇 개의 모둠으로 나뉘어 읽은 내용을 서로 나누고 있었습니다. 그때 놀랄 만한 일이 생겼습니다.

이 작품의 내용은 곰 사냥을 하는 집 아이인 코주로가 총으로 곰을 쏘는 것에 혐오감을 느꼈던 것을 떠올리며 결국에는 곰에게 살해당하고 만다는 이야기입니다. 마지막 장면에서 코주로의 시체 주위를 어슬렁거리던 곰들이 눈 위에 엎드린 채 줄곧 움직이지 않고 있던 부분입니다. 그런 코주로에 대해 다음과 같이 쓰여 있습니다.

문득 죽어서 얼어 버린 코주로의 얼굴이 마치 살아 있는 것처럼 생생하게 웃고 있었다.

아이들은 코주로와 곰의 모습을 떠올려 가며 서로 읽은 것을 이야기하고 있었습니다. 저는 함께 이야기하는 아이들의 목소리에 귀를 기울이며 이쪽저쪽 모둠을 돌아다니고 있었습니다. 그때 뒤쪽 창가 모둠의 태도에서 평소와는 다른 분위기가 느껴졌습니다. 저는 급히 그 모둠으로 가서 한 아이가 하는 말을 들으면서 숨을 돌렸습니다.

"코주로는 이때 처음으로 웃었다."

곰 사냥을 하는 집에 살면서 곰을 죽여야 하는 자신에게 강한 혐오감을 품고 있던 코주로, 그 코주로가 곰에게 살해당했던 순간 처음으로 웃었다는 한 아이의 말에 그 모둠의 다른 아이들이 숨을 죽였습니다. 저도 '참 대단하다'고 생각했습니다.

아직 미숙했던 저는 그 수업에서 이것을 점프의 기회로 충분히 활용하지 못했습니다. 그것이 매우 후회됩니다. 하지만 지금까지도 그런 배움의 도약은 모둠 학습 속에서 가능했다, 아니 모둠 속에서밖에 나올 수 없었다는 생각이 마음속에 선명하게 남아 있습니다.

소수 아이들의 어떤 생각이나 의문도 받아줄 수 있는 모둠 학습에서는 일제 학습에서 결코 생길 수 없는 깨달음이 생깁니다. 그것은 제2장에서 자세히 살펴보았던 대로입니다. '점프'의 기회는 이처럼 모둠 학습에서 나오는 경우가 많습니다. 다만, 그것이 읽기의 점프 기회가 될지 그렇지 않을지는 전적으로 교사의 대응에 달려 있습니다.

❹ 교사가 던지는 물음에서 생겨나는 점프

이 책의 자매편인 『아이들의 배움이 시작될 때』에 소개했던 칸다 도모미神田智美(현재 미에 현 상와 소학교 교사) 선생님의 「발자국을 숨겨 주는 눈」 수업은 읽기에서 진정한 점프가 일어났던 사례입니다. 그 책에서 저는 '점프'라는 용어를 사용하지

않았습니다. 왜냐하면 그 책을 집필할 당시 아직 '점프'라는 말
을 사용할 정도로 이해가 깊지 않았기 때문입니다. 그 책을 읽
어 보시면 제가 '점프'라고 생각한 장면을 뽑아 놓은 부분을 보
실 수 있을 것입니다.

그것은 갑자기 찾아온 나그네에게 하룻밤 잠자리를 제공하
는 가난한 농부의 이야기입니다. 아무것도 대접할 것이 없었던
농부는 무 하나를 훔쳐서 여행객의 식사로 대접했습니다. 그러
자 "그날 밤 사각사각 눈이 흩날려, 무를 훔치러 왔던 그 사람
이 한 발 한 발 내딛자마자 발자국이 사라져 버리는 것이었다."
고 하는 이야기입니다.

칸다 선생님은 일체 발문을 하지 않았습니다. 아이들이 느낀
것, 함께 이야기하고 싶은 부분을 골라 아이들 전체와 읽어 가
는 진정한 '함께 배우는 배움'이었습니다.

아이들은 읽는 도중 다양한 부분에서 멈춰 서로의 생각을 들
으면서 읽어 나갔습니다. 수업 시간이 얼마 안 남았을 무렵, 요
약을 하면서 이야기의 마지막 장면에 나오는 '발걸음을 내딛자
마자'라는 말에서 멈추게 되었습니다. 아이들은 말합니다.

"그 사람의 따스한 마음이 하늘에 가 닿았다."

"하늘의 신이 발자국을 없앴다."

"기적이 일어나 발자국이 사라졌다."

"빚진 것을 서로 털어 내는 기분?"

"한 걸음 한 걸음 신이 천천히 지워 주었다."

"자연스럽게 사라진 것 같은 느낌이랄까."

그때였습니다. 듣기만 했을 뿐 그때까지 한 번도 아이들에게 질문을 던지지 않았던 선생님은 아이들에게 다음과 같이 물었습니다.

"기적이라니 어디에서 그런 내용을 알게 되었나요?"

아이들이 대답합니다.

"소복소복 내린다고 했으니까, 눈보라도 아니고 부드럽게 눈이 내렸으니까요."

이 아이는 눈이 내리는 모습에서 기적을 발견하고 싶어 한 것입니다. 그런데 선생님은 기적이라고 느낀 이유를 더 묻는 대신 생각지도 못한 방법으로 탐구를 계속해 갑니다.

"부드러운 눈? 눈이 날렸다. 눈이…… 자, 그 문장을 읽어 보자."

본문을 다시 읽은 아이들은 겨우 깨닫기 시작합니다. '눈이'가 아니라 '눈은'이라고 쓰여 있다는 것을 말입니다.

순간 교실이 정적에 휩싸였습니다. 아이들은 줄곧 교재를 보고 있습니다. 그들의 눈은 '은'이라는 한 글자에 꽂혀 있었습니다. 잠시 후 한 아이가 천천히 말하기 시작했는데 이 아이의 말이 학급 전체에 밀려오는 파도처럼 퍼져 갔습니다.

"내 생각이 틀릴지도 모르지만 '눈이 내렸다'는 눈이 갑자기 제멋대로 내리는 느낌인데 '눈은 내렸다'고 하면 누군가가 내리게 하고 있는 것 같은 생각이 들어."

이 아이의 말을 시작으로 다른 아이들도 입을 열기 시작했습니다.

"나도 '눈은'이라고 할 때는 누군가가 그것을 지켜보고 있는 것처럼, 누군가가 눈을 내리게 하고 있는 느낌이랄까."

"나도 비슷한데, 농부는 마음씨가 고운 사람이니까 그 사람의 친절함을 알고 있는 사람이 눈으로 덮어 놓은 게 아닐까?"

"뭔가 '오코와(팥을 넣고 지은 찰밥)를 지은 것도 있다.'고 하는 것은 좀 알 것 같은데, 착하니까 기적 같은 게 일어난 것을 감사하며 그 밥을 지었다고 생각해."

한 시간 가까이 아이들은 '눈'의 존재에 주목해 그 눈이 '감쪽같이' 발자국을 지워 주었다는 의미를 탐구했습니다. 그 시간 아이들의 배움은 마치 드라마같이 느껴질 정도로 인상적이었습니다. 그 정도로 탐구를 하는 아이들에게 선생님은 마지막에 '점프'를 더해 주었습니다.

그 점프란 단지 '눈은'의 '은'에 주목하게 했을 뿐이었습니다.

텍스트 속의 단 한 글자를 의식하게 했을 뿐입니다. 하지만 선생님의 질문을 받은 아이들의 반응은 지금도 잊히지 않습니다. 한 아이가 한숨을 쉬듯 "'은'이라고……." 하며 중얼거렸습니다. 그런데 모든 아이들의 눈이 단지 한 글자 '은'에 빠져들어 교실은 이내 조용해졌습니다. 깊이 집중하는 분위기에 휩싸였던 것입니다. 이런 순간은 바로 아이들이 '점프'할 때의 모습입니다. 아무것도 말할 수 없을 만큼 긴장감에 휩싸입니다.

　교사라면 누구나 이렇게 배움의 점프를 일으키고 싶을 것입니다. 이렇게 하기 위해서는 교사 자신이 텍스트를 깊이 읽을 필요가 있습니다. 그렇다고 해서 아이들에게 읽기를 강요해서는 안 됩니다. 칸다 선생님은 아이들에게 읽기를 강요하지 않고 아이들이 깊은 이해에 도달할 때까지 각자가 읽는 동안 또 서로에게 묻고 배우는 과정을 지켜보면서 아이들이 함께 작품을 맛볼 때쯤에 와서야 '눈은'의 '은'에 대한 탐구가 아이들의 읽기에 필요하다는 판단을 했던 것입니다.

　교사는 아이들의 읽기에 겸손해야 하지만 아이들이 하는 말을 그대로 듣기만 해서는 안 됩니다. 겸허하게 아이들의 이해 과정을 받아들이는 것이야말로 아이들이 생각했으면 하는 것을 떠오르게 하는 방법입니다. 다만 칸다 선생님이 문장 속의 단어에 주목하게 한 것, 저에게는 이 단순함이 잊히지 않습니다.

❺ 아이들의 가능성에 기반을 둔 점프

교사가 점프를 일으키려는 것은 아이들의 해석이나 감상에 뭔가 부족해서가 아닙니다. 아이들이 텍스트에 깊게 접근했으면 하고 기대하기 때문입니다. 결국 점프는 아이들의 가능성에 달려 있습니다.

아만 키미코あまんきみこ의 작품 「오니타의 모자」는 완성도 높은 훌륭한 문학작품입니다. 교과서에 실려 있는 초등학교 3학년 작품 중에 가장 우수한 것으로 손꼽아도 손색이 없을 정도입니다. 그 작품을 맛보는 수업만으로도 아이들이 함께 배울 수 있는 풍부한 가능성이 있습니다.

입춘 전날(2월 3~4일경. 일본에서는 콩을 뿌려 잡귀를 내쫓는 풍속이 있음) 도깨비 오니타가 살고 있던 마코토의 집에서도 마메마키*가 시작되었습니다. 오니타는 그것을 피해 콩 냄새조차 없는 다른 집을 찾아 나섰습니다. 겨우 찾은 그 집에는 혼자서 어머니의 병시중을 들고 있는 여자아이의 모습이 보였습니다. 아무것도 먹지 못한 그 아이. 오니타는 그 여자아이에게 팥밥과 녹갈색의 찐 콩을 갖다 주었습니다. 그 아이는 맛있게 먹었습니

■ "복은 안으로, 귀신은 밖으로!"라고 말하며 콩을 뿌려 집안의 잡귀를 내쫓는다는 의식.

다. 그때 여자아이가 중얼거렸습니다.

"아. 나도 마메마키 하고 싶다!"

그 말을 들은 오니타는 깜짝 놀라 달아났습니다. 그런데 생각해 보니 그 집에 깜빡 잊고 모자를 두고 왔습니다. 모자 속에는 아직 따뜻한 팥이 남아 있었다는 이야기입니다.

벳부시 아오야마 초등학교의 코우모리 리에小林里絵 선생님이 이 이야기(『초등 3학년 국어』 하권에 수록)를 다룬 수업을 하고 있었습니다. 이날 읽었던 부분은 여자아이의 말에 오니타가 깜짝 놀라 도망가는 장면이었습니다.

여자아이가 젓가락을 든 채로 갑자기 무언가 생각에 빠져 있습니다.

"왜 그래?"

오니타가 걱정이 되어 묻자 이렇게 대답했습니다.

"아마 다들 마메마키를 하고 있겠지, 하고 생각했어. 나도 하고 싶어."

"뭐라고?"

오니타는 벌떡 일어섰습니다.

"왜냐면, 도깨비가 오면 틀림없이 엄마 병이 더 심해질 거야."

오니타는 힘없이 손을 내리고 비틀비틀하면서 슬픈 몸짓으로 말했습니다.

"도깨비라고 다 나쁜 건 아닌데. 도깨비도 도깨비 나름인데, 도깨비도……."

수업의 전반은 "나도 마메마키 하고 싶어."라고 말한 여자아이의 말이 화제가 되었습니다. 아이들은 자기도 마메마키를 하고 싶다는 아이다운 그 여자아이의 마음에 공감하고 있었습니다. 한편, 어머니의 병을 악화시키는 귀신을 몰아내기 위해 마메마키를 하고 싶다는, 간호하는 아이로서는 당연한 바람도 읽어 내고 있었습니다.

이렇게 해서 수업이 중반에 접어들었을 때 미키라는 아이가 마메마키를 하고 싶다는 여자아이의 말에 놀라 달아나는 오니타에 대한 이야기로 초점을 옮기기 시작했습니다. 지금까지 읽고 있던 내용은 마메마키를 하고 싶다는 여자아이의 말 때문에 생긴 오니타의 행동이니까 이 전개는 참으로 타당한 것입니다.

"○○페이지 넷째 줄에서 다섯째 줄에 나오는 '뭐라고? 하면서 오니타는 놀라 달아났습니다.' 하는 부분인데 말이야. 모두 이날은 마메마키를 생각하고 있잖아. 모두가 그럴 거라고 알고 있는데 왜 오니타는 놀라서 도망갔느냐는 거야."

미키는 오니타가 인간들이 마메마키를 하리라는 것을 알고 있었다는 점에 대해 의문을 가졌습니다. 이 말은 그 여자아이도 같은 인간이니까 그렇게 하고 싶다고 한 말인데 어째서 오니타가 달아날 만큼 놀랐느냐는 것입니다. 아이들은 미키의 이러한 의문에 어떻게 대응할까요?

한 아이가 말했습니다. 오니타는 여자아이와 친구가 될 수 있다고 생각하고 있었는데 그 아이가 마메마키를 하고 싶다고 했기 때문에 깜짝 놀라 달아났다는 것이었습니다. 이 말을 듣고 다른 아이도 말합니다. 여자아이의 집에는 도깨비를 쫓아내는 부적이 걸려 있지 않았고 콩 냄새도 없었는데 "지금쯤 모두들 마메마키를 하고 있겠지." 하니까 오니타가 놀라서 달아났다고 했습니다.

선생님은 여기서 모둠 활동을 지시합니다. 참으로 적절한 순간입니다. 두 명의 아이가 말한 '여자아이에 대한 오니타의 각별한 마음'에 대해 각 모둠에서 생각해 보는 것은 매우 의미가 있기 때문입니다.

모둠 활동 후 아이들은 이렇게 말하기 시작했습니다.

"오니타는 그 아이와 친해지고 싶었을 거야. 그런데 친해졌다고 생각하자마자 꽝 하는 말에 충격을 받아 달아난 거지."

"그런데 말이야, 마코토가 '복은 안으로, 귀신은 밖으로!' 하고 말하자마자 오니타는 충격을 받아서 한마디 말도 못 하고

나가 버렸잖아. 그 장면을 보면 '나는 미움을 받고 있구나.' 생각하면서 달아났던 거야."(하야토의 발언)

여기까지 수업 시간의 대부분이 지나간 것을 볼 때 남은 시간에 점프를 일으킬 기회는 많지 않을 것입니다. 점프를 일으키지도 못하고 수업이 끝난다고 해서 이상할 것은 없습니다. 아이들이 말하고 있던 내용은 타당한 이야기였으므로 여기서 끝내도 괜찮습니다. 그러나 '함께 배우는 배움'을 구현하고 있는 교실에서는 점프의 기회는 반드시 찾아오게 마련이라고 저는 확신합니다. 하야토의 발언을 듣고 있던 순간, 저는 '바로 이거다!' 하는 직감이 들었습니다.

하야토는 오니타가 그 여자아이의 집을 나가고 있던 순간, 이 이야기의 처음 장면을 들고 나옵니다. '인기척조차 없는 조용한 집'이라는 상황을 들면서. 그리고 그때 오니타의 기분을 여자아이의 말을 듣고 달아나는 오니타와 연결시키면서 '나는 또 미움을 받는구나.' 하고 말했던 것입니다.

하야토는 마코토의 집에서 도깨비를 쫓는 소리를 듣고 오니타가 마음에 상처를 받았다고 말했습니다. 결국 오니타가 달아날 정도로 놀란 배경에는 지금까지 오니타가 품고 있던 생각, 즉 이 아이의 말대로 하면 '미움받고 있다'는 생각이 있기 때문이라는 것입니다.

이 아이가 거기까지 말하고 있지는 않았지만 이 아이는 이렇게 말하고 싶었던 것입니다. 즉 그 여자아이에게 특별한 기대를 품고 있었기 때문이라는. 이것은 지금까지 아이들이 말하고 있던 것과는 뉘앙스 차이가 느껴지는 것입니다.

하야토의 생각이 뛰어나다는 말은 아닙니다. 교사의 생각에 부합하는 '좋은 생각'이라는 말도 아닙니다. 그렇게 의도된 해석을 유도하는 수업에서는 '함께 배우는 배움'에 이를 수 없습니다. 하지만 이처럼 조금 다른 생각이 각각 어디에서 나오는가를 생각해 볼 수 있다는 것은 이후 어떻게 생각하는지와는 별도로 의미 있는 일입니다. 이런 의미에서 하야토의 생각에서 읽기의 점프가 시도되었다고 생각하는 것입니다.

그렇게 판단했기 때문에 오니타가 마코토의 집을 나오는 장면으로 돌아가야만 합니다. 그리고 그 장면을 소리 내어 읽어 보는 것입니다. 코우모리 선생님의 실제 수업에서는 시간이 없어서 해 보지 못했지만 그때 선생님의 모습을 보고 이러한 점프가 충분히 가능하다고 생각했습니다.

낭독을 하면서, 오니타가 마코토의 집을 나오는 장면으로 되돌아간 아이들은 어떤 생각을 하게 될까요? 여러 차례 말씀드렸지만 아이들의 생각이 일치할 필요는 없습니다. 다만 저는 아무리 생각해도 아이들의 읽기가 여기까지 온 이상, 멈추지 않을 거라고 생각합니다. 예를 들어 "인간이란 참 이상하네. 도깨비는 당연히 나쁘다고 생각하니 말이야. 도깨비라도 여러 가지가 있을 텐데." 하는 오니타의 말을 다시 생각해 본 아이들은 오니타가 아무리 마코토를 기쁘게 해 주었더라도 도깨비는 나쁜 거라고 생각해 버리는, 그래서 오니타가 계속 슬퍼할 수밖에 없는 심정을 알게 될 것입니다. 오니타의 슬픔은 '이 아이라면 나를 미워하지 않겠지.' 하고 기대했던 아이에게서도 사라지지 않았던 것입니다. 그것이 얼마나 오니타를 슬프게 했을까 마음 졸이는 아이들이 나와 줄 것입니다. 하야토가 "또 미움받게 되는구나." 하고 절망감을 드러낸 말은 틀림없이 그러한 심정을 담고 있었을 것입니다.

문학 읽기에는 한 가지 해석과 감상만 있을 수는 없습니다. 그렇다고 제멋대로 읽어도 된다는 말은 아닙니다. 하야토가 말한 것이 무슨 의미인지, 하야토가 그러한 생각을 하게 된 근거가 텍스트의 어느 부분에 있는지 찾아 그 문장을 함께 읽고 생각해 보아야 합니다. 즉 각자가 텍스트에 근거해 의미를 탐구해 가는 것입니다. 그렇게 함으로써 아이들은 각자 자신이 읽은 내용을 확인하거나 심화시킬 수 있으며 그 과정에서 아이들의 생각에 점프가 일어나는 것입니다.

이처럼 아이들의 읽기를 계기로 하는 '점프'야말로 문학 읽기에 있어서 가장 좋은 점프입니다. 하지만 이것은 순간순간 예기치 않게 나오는 아이들의 생각에서 점프의 가능성을 발견하지 못하면 실현될 수 없습니다. 이것이 얼마나 어려운 일인지를 저는 잘 알고 있습니다. 그래도 '서로에게 배우는 것'의 깊이를 추구하는 저로서는 결코 피할 수 없는 어려움입니다.

「오니타의 모자」라는 이야기는 문학으로서 완성도가 높은 작품입니다. 이 작품은 소위 주제라고 여겨지는 추상적인 말을 사용하지 않으면서 오니타의 '슬픔'을 구체적으로 묘사하고 있기 때문입니다. 따라서 독자는 주인공인 오니타의 말과 행동을 눈앞에서 바라보듯이 읽을 수 있으며 그의 '슬픔'에 공감하게 되어 이유를 따지기 전에 진정한 마음으로 느낄 수 있습니다. 이처럼 주인공의 마음에 깊이 공감할 수 있는 것이 문학 아닐까요?

「오니타의 모자」뿐 아니라 이 장에서 말씀드렸던 몇 가지 '점프'의 사례는 문학의 본질적인 성격을 거스르지 않도록, 문학의 본질에 다가가도록 했던 것입니다. 문학에 있어서 '점프가 있는 배움'은 문학의 본질에 다가가는 과정이라고 생각합니다.

2. '탐구하는 배움'을 가능하게 하는 점프

(1) '점프가 있는 배움'을 위한 교사의 전문성

'점프가 있는 배움'의 가능 여부는 교사의 전문적 지식과 교양, 그리고 창조적 실천력에 달려 있습니다.

저는 교사의 전문성에 있어서 필수는 교사의 경험이라고 항상 말해 왔습니다. 교사는 많은 아이들을 혼자서 대응해야 하기 때문에 매뉴얼이 있을 수 없으며 오히려 몇 번이고 실천을 거듭하면서 그 실천을 통한 경험을 몸에 익히는 수밖에 없다고 생각하기 때문입니다. 이런 의미에서 교사의 일은 장인적 요소가 있다고 할 수 있습니다.

다만 경험에 따른 장인 특유의 '감勘'만 가지고는 아이들의 배움을 깊게 할 수 없습니다. 더구나 교사는 수준 높은 '점프가 있는 배움'을 추구해야 하기 때문에 장인적인 기술만으로는 한계가 있습니다. 교사에게는 한 가지 더 몸에 익히지 않으면 안 되는 것이 있습니다. 그것은 교재, 즉 배움의 재료에 대한 깊은 전문적 지식입니다.

물론 교사는 과학자나 건축가, 문학가와 같은 전문가는 아니므로 그가 가진 지식에는 한계가 있습니다. 과학자가 아닌 자가 과학을, 문학가가 아닌 자가 문학을 지도해야 하는 부담을 느낄 수밖에 없습니다. 그렇기 때문에 항상 연구를 게을리해서는 안 됩니다. 교사의 연구가 쌓일수록 아이들의 배움의 질은 높아진다고 생각하면서요.

그렇다 해도 그 전문적 지식이 지식으로만 그치고 말면 아이들의 배움에 연결될 수 없습니다. 그러므로 그 지식을 아이들의 배움으로 디자인하는 전문성이 필요한 것입니다. 그 전문성을 연마하여 지금까지 다뤄 보지 않은 제재에 도전해 본다든지, 그 과정에서 새로운 탐구 방법을 적용해 본다든지 하는 창조적인 실천이 필요합니다.

결국 아이들의 풍부한 배움을 만들어 내기 위해서 필요한 교사의 전문성은 장인적인 기능과 전문지식과 소질을 융합시킨 창조적인 실천이면서 연구라고 말할 수 있습니다. '점프가 있는 배움'은 참으로 교사의 전문성에 의해 실현되는 것입니다.

(2) 점프로부터 아이들의 탐구 의욕이 생겨난다

-초등 4학년 종합 학습(창의적 체험학습),

〈어떻게 해서 키리모도키切戻木* 지역에

지장보살상이 생겨나게 되었을까〉

❶ 배움의 주제와 제재가 결정될 때

2012년 2월 NHK 교육방송에서 「28명의 빛나는 눈동자-함께 배우며 성장하는 교실」이라는 다큐멘터리가 방영되었습니다. 이 방송을 보고 저는 일본의 학교에서도 드디어 이처럼 자연스러우면서도 풍부하게 서로 배우는 교실이 생겼구나, 감개무량한 마음이 들었습니다. 그 교실의 담임교사인 야마나시 현 미노메츠 오오코우치 소학교의 후리야 카즈히사古屋和久 선생님입니다. 지금부터 소개할 사례는 후리야 선생님이 전에 부임했던 쿠나도 소학교에서 실천했던 사례입니다.

후리야 선생님과 처음 만난 것은 제가 소속해 있는 도카이 국어 교육을 배우는 모임 주최의 '수업 만들기 학교 만들기 세미나'에서였습니다. 사토 마나부佐藤 学 교수님이 『종합교육기술』(소학관)에서 연재하고 있던 『교사화전서教師花伝書』에서 그의 실

■야마나시 현에 있는 마을 이름. 옛 지명이라 읽는 방법이 정확하지 않음. 여기서는 키리모도키 마을로 표기함.

천을 소개하고 있었기에 세미나에 초청해 실천 보고를 부탁했습니다. 여기서 후리야 선생님도 만나고 실천 사례도 접하게 되었습니다.

후리야 선생님이 영상을 사용해 보고한 내용은 '누에치는 곳을 찾아서'라는 주제 학습이었습니다. 쿠나도 지역에서 누에를 쳐 왔던 것을 조사하는 것이었는데, 지역 사람들이 살아가는 모습을 떠올리게 하는 제재의 우수성과 그 활동에 몰두하여 탐구하는 아이들의 아름다운 모습이 저의 마음을 울렸습니다. 후리야 선생님은 아이들과 함께 배움을 만들어 내는 우수한 장인적 실천자라고 생각했습니다. 하지만 그 이상으로 그는 평생 교육의 일환으로 '민속학'을 배우고 있었는데 거기서 이번 제재의 아이디어를 얻었다는 것이 큰 감동을 주었습니다.

종합 학습에서 '민속'을 주제로 하려고 했던 이유에 대해 후리야 선생님은 다음과 같이 말했습니다.

제가 대학 다닐 때 관심을 가졌던 민속학의 세계에 다시 깊이 빠지게 된 것은 교사가 된지 8년 차에 접어들던 2003년 『야마나시 현의 역사』 편찬 사업에 협력하면서부터입니다. 『현의 역사 민속 편』의 편집 담당자로서 참가했던 5년간 야마나시 현 내의 각지를 돌아다니면서 민속에 관한 조사를 하게 되었습니다. 교육 현장에 복귀한 후 이때의 경험을 살려, '민속'에 관한 주제를 수업에 도입하여 이치가와 중학교와 쿠나도 소학교에서 실천해 왔습니다.

후리야 선생님의 '민속학'에 대한 전문성은 진짜였습니다. 수업의 제재로 사용하기 위해 연구한 것은 아니었습니다. 그의 민속학 연구는 대학 시절부터 시작되었습니다. 그리고 그가 야마나시 현의 역사 편찬실에 근무했던 5년간 연구 내용은 더욱 깊이를 더해 갑니다. 훌륭한 민속학자에게서 직접 배우고 최신 연구를 접하게 되어 '민속학'의 전문가로서 활동했기 때문이었습니다.

후리야 선생님은 그 후에도 지금까지 일본 민속학회 회원으로서 연구 활동을 하고 있습니다. 결국 그는 우수한 교육 실천자일 뿐만 아니라 질 높은 제재를 제공할 수 있는 전문적 연구자인 것입니다. 세미나 회장에서 그의 실천을 접하게 된 저는 아이들의 배움에 있어서 교사의 전문적 지식과 소양이 얼마나 중요한지 실감하였습니다.

그 후로 5년이 지났습니다. 그동안 연락도 하지 못한 채 후리야 선생님도, 그의 수업도 보지도 못한 채 시간이 흘렀습니다. 하지만 저는 마음속으로 '후리야 선생님의 실천'에 대하여 계속

갈망했습니다. 후리야 선생님의 수업을 보고 싶었고 그의 교실의 아이들을 보고 싶은 마음이 간절했습니다. 그래서 마침내 영상을 통해서였지만 그도, 그의 아이들도 만날 수 있게 되었습니다. 2011년 여름이었습니다.

후리야 선생님이 근무하고 있던 쿠나도 소학교는 야마나시 현 남쪽 코마 군에 있었습니다. 후리야 선생님의 말로는 쿠나도 지역은 민속이 풍부하게 전승되고 있는 민속학의 보물산 같은 곳이라고 했습니다. 그 하나가 조금 전에 말했던 '양잠養蠶'이었다지만, 이번에 받아본 DVD에 녹화되었던 수업은 미노메츠 마을의 키리모도키 지역에서 모시고 있는 '바위에 새겨진 지장보살상'을 제재로 했습니다.

'바위 위의 지장보살'은 1720년대에 관동지방에서 크게 유행했던 지장신앙입니다. 도치기 현 이와라 마을에 높이 172미터의 작고 높은 배 모양의 산이 있는데 그 산의 바위에 지장보살이 나타났기 때문에 이러한 신앙이 시작되었다고 합니다. 그 지장보살이 야마나시 현의 후리야 선생님의 학교에서 걸어서 갈 수 있는 곳에 지금도 있는데, 지역을 둘러싸고 대단히 매력적인 전설이 남아 있을 뿐 아니라 지장보살을 기리는 축제까지 열리고 있다고 합니다. 이것은 민속학 연구에 착수했던 후리야 선생님으로서는 멋진 제재였을 것입니다. 눈앞에 있는 석조물에서 300

년 전의 역사와 쿠나도에서 살았던 사람들의 모습이 보입니다, 여기서 '쿠나도'라는 제재를 선택해야겠다고 느꼈을 것이고 이번 수업의 주제가 되었을 것입니다.

❷ 탐구의 시작, 그리고 점프

DVD에 담긴 영상은 많은 참관자들에게 둘러싸인 채 진행되는 50분을 넘는 수업이었습니다. 50여 분간 저는 배우고 있는 아이들의 모습에 홀려, 또 재미있는 제재에 이끌리면서 영상을 보았습니다. 저도 모르게 탄식이 나올 만큼 내용이 충실한 시간이었습니다.

저는 이제껏 이처럼 탐구에 몰두하는 아이들의 모습을 본 적이 없습니다. 또한 이처럼 아이들과 함께 생각하는 즐거움을 맛본 적이 없다고 느꼈습니다. 저는 협동적 배움(저는 '함께 배우는 배움'이라고 표현합니다만)의 끝없는 가능성을 눈앞에서 실감하며 저절로 감탄이 나왔습니다.

영상은 모둠 활동으로 '지장보살상'에 대해 즐겁게 이야기하고 있는 아이들의 모습을 비추며 시작되었습니다. 그 아이들의 모둠에 학부모 몇 명이 보입니다. 이들은 아이들과 함께 배우기 위해 학습 참가에 지원한 부모들입니다. 하지만 말을 하고 있는 것은 아이들뿐, 이들은 그런 아이들의 모습을 지켜보고 있습니다. 이때까지는 수업자인 후리야 선생님의 목소리도 들리지 않습니다. 즉, 아직 수업이 시작되지 않았던 것입니다. 이처럼 배움은 교사의 지시로 시작되는 것이 아니라 아이들의 내면에서 시작되는 것입니다.

"자, 알게 된 것, 생각한 것을 들려줄래?"

드디어 후리야 선생님의 목소리가 들립니다.

"T씨(마을 노인의 이름)가 꿈속에서 지장보살을 본 후로 지장보살을 기리는 축제를 열게 되었다고 해요."

"그래, 그래. 꿈에 나왔기 때문이라고 하지."

이것이 수업 시작 시점까지 아이들이 얻은 정보였습니다. 정리하자면 키리모도키 지역에 지장보살을 기리는 축제를 열게 된 것은 마을 노인의 꿈에 지장보살이 나타났기 때문이라는 것입니다. 이때 선생님은 이번 시간 과제를 제시합니다.

"오늘은 〈어떻게 해서 키리모도키에 지장보살상이 만들어지게 되었을까〉에 대하여 알아봅시다."

선생님의 말이 끝나자마자 아이들이 곧 대답하기 시작합니다.

"자, 꿈에 나타났기 때문이라는 그 내용을 자신의 노트에 적어 봅시다."

결국 아이들로서는 T씨의 말에서 더 알게 된 것은 아니지 않을까.

선생님이 아이들에게 다시 묻습니다.

"그런데 지장보살은 이 마을에만 있나요?"

사실은 학교 근처의 몇몇 마을에서 지장보살 축제가 열리고 있었던 것입니다. 아이들도 이것을 알고 있습니다. 선생님은 아이들의 이야기를 들으면서 몇 장의 사진을 보여 주기 시작합니다. 이것은 이 부근 지역에서 몇 개의 지장보살이 더 존재하고 있다는 사실을 확인시켜 주기 위함입니다.

"이게 오늘 문제였지?"

여기서 선생님은 다시 묻습니다. 후리야 선생님은 항상 그 시간의 과제가 무엇인지 확인시켜 줍니다. 아이들이 과제를 분명히 의식할 때 탐구가 시작된다고 생각하기 때문이죠.

이렇게 해서 선생님은 이야기를 이 마을 밖으로 확장해 갑니다.

"이 밖에도 야마나시 현 내에……."

이렇게 말하며 지도(지장보살분포지도)를 펼쳐서 칠판에 붙입니다. 그 지도에는 어디에서 지장보살을 기리는 행사가 열리고 있는지, 그리고 건립 시기가 언제인지가 기록되어 있었습니다.

두 명의 아이가 자리에서 일어나 지도를 보러 칠판 앞으로 나왔습니다. 그러자 어느새 몇 명의 아이들이 마치 나방이 불을 향해 달려드는 것처럼 칠판 앞에 몰려들었습니다.

"여기도, 여기도 건립 시기가 1720년이다."

"이 부근에도 잔뜩 있다."

"진짜!!"

아이들은 분포도의 여기저기를 손가락으로 가리키면서 서로의 생각을 전달해 가며 공감하고 있습니다. 이 아이들은 진심으로 지장보살에 관해 알고 싶었던 것입니다.

지장보살상이 매우 많다는 것을 아이들이 확실히 자각하게 되었을 때, 선생님은 전부 합하면 73개라고 말합니다. 그 순간,

"일흔세 개!"

아이들이 일제히 소리를 지릅니다. 그런 아이들에게 선생님은 핵심을 찌르듯 묻습니다.

"오늘 배운 게 뭐였죠?"

"여러분 모두가 알고 있는 T씨의 꿈 얘기, 이것으로 충분한가요?"

"꿈속에 지장보살이 나타났기 때문에 지장보살을 기리는 의식을 하게 되었다면 모두 같은 꿈을 꾸게 되네요."

이렇게 해서 키리모도키 마을의 암반 지장보살상의 유래는 이 수업에서 알고 있던 '꿈에 나타났기 때문'이라는 것만으로는 충분하지 않다는 것으로 향해 갔습니다. 아이들은 후리야 선생

님의 한마디 한마디를 지당하다는 표정으로 받아들였습니다. 그것은 지금까지 알고 있다고 생각했던 것이 사실은 그렇지 않다는 것을 깨달았기 때문인데 그때의 분위기는 상쾌하고도 야무진 것이었습니다. 참으로 멋진 배움의 점프였습니다.

❸ 모둠별 탐구의 시작

"전설만이 답이라고 생각해서는 안 됩니다. 머리를 써서 생각해 봅시다."

후리야 선생님은 이렇게 말하고 나서 모둠 학습을 지시했습니다. 수업이 시작된 지 17분 정도 지나서였습니다. 아이들은 마치 선생님의 이 말을 기다렸다는 듯이 신이 나서 모둠 학습을 시작합니다. 자기들이 알고 있던 것이 사실이 아니었다는 데서 탐구를 시작하는 것은 분명히 쉽지 않았을 것입니다. 하지만 여기서 오히려 아이들의 집중력이 더 커지는 걸 느꼈습니다. 웬일인지 아이들은 뭔가 기대감으로 부풀어 있는 모습이었습니다. 이러한 점으로 미루어볼 때 후리야 선생님 반 아이들은 지금까지 셀 수 없이 이러한 경험을 해 왔음을 알 수 있었습니다. 이때부터 30분 가까이 저는 아이들의 탐구하는 모습에 푹 빠진 채 그들을 지켜보았습니다.

아이들은 모둠 활동 대형의 책상에서만 배우고 있는 것이 아니었습니다. 칠판에 붙어 있는 지장보살 분포도를 한 번 더 보러 와서 서로 깨달은 것을 나누고 있는 모둠도 있었습니다. 지금까지 써 왔던 노트를 펴고 같이 맞춰 보는 모둠도 있었습니다.

이 수업을 직접 보지 않은 저로서는 알 수 없으나 쿠나도 소학교의 연구 자료집을 읽어 보면 후리야 선생님은 협동적 배움의 방법으로서 노트를 활용하는 데 힘을 쏟고 있었습니다. 후리야 선생님은 노트는 '배움의 이력(배운 것)'이 쓰여 있어야 한다고 생각했습니다. 그래서 매시간 끝날 무렵, 오늘 배운 내용이 무엇인지, 자신은 그러한 것을 어떻게 배우게 되었는지 '수업 코멘트'를 집에서 기록하게 하고 있다는 것입니다.

아이들이 노트에 적는 것은 '배움의 이력'이라는 생각에 저는 전적으로 찬성합니다. 저도 아이들이 그러한 노트를 쓰도록 하고 있기 때문입니다. 특히 국어 교과의 문학 수업의 경우는 한 작품에 한 권의 노트를 사용할 정도로 많이 쓰게 하고 있습니다. 노트는 처음에 감상으로 시작해서 끝도 감상으로 마무리되어 있지만 끝부분의 감상을 적기 전에 차분히 자신의 노트를 읽도록 하고 있었습니다. 노트에는 텍스트에 대해 서로에게 배운 것과 자신이 배운 것이 전부 모아져 있어 각자의 '배움의 궤적'이 되어 있기 때문입니다. 그래서 저는 후리야 선생님 반 아이들의 노트가 꼭 보고 싶어졌습니다.

❹ 전체 학습에서 서로 듣기

모둠 학습 중인 아이들에게 후리야 선생님이 말을 겁니다.

"자신의 생각을 정리해 보세요. 왜 그런 걸까 자꾸 생각해 보세요. 그러다 보면 어떤 것이 진짜일지 알게 될지도 몰라요."

아이들은 진지하게 생각합니다. 그러던 중 모든 아이들의 의식이 한데 모아지는 것 같은 분위기가 만들어졌다고 생각하자 전체 학습의 서로 듣기가 시작되었습니다.

"지장보살은 건강을 기원하기 위한 거니까 그런 마음이 널리 퍼졌을 거야."

"소문으로 널리 퍼졌다고 생각해. 이거 영험하다고 말들 하니까."

"5월 20일 내 노트에는 돌부처는 결혼이라든가 행복을 바라는 염원에서 만들어진 거라고 적혀 있는데 이것도 마찬가지 아닐까."

"지장보살상에는 천하태평의 염원이 담겨 있으니까 그런 것 아닐까?"

"같은 마을에 암반지장이 많이 있는 것은 도소신 道租神 도 마찬가지야."

"1720년 4월이라고 지도에 쓰여 있는데 그때 혼을 받아서 만들었대. 그런 것을 말하자 소문이 퍼져 계속 만들어진 거 아닐까?"

아이들은 이전에 배웠던 것들을 단서로 최대한 머리를 써서 생각했습니다. 이야기를 들은 다른 아이가 자극을 받아 새로운 것을 깨닫게 되는 것, 이것이 학급 전체에 의한 함께 배우기의 전형적인 모습입니다.

"응, 그렇구나."

"모두 그렇게 생각했니?"

"도소신 道租神도 마찬가지네."

"핵심은 바로 '소문'이야!!"

후리야 선생님은 아무 말 없이 부드러운 표정으로 아이들의 말을 들으면서 마치 이렇게 말하고 있는 듯했습니다.

그것은 무엇인가를 가르치려는 교사의 모습이 아닙니다. 아이들의 깨달음에 진심으로 다가가 함께 느끼고, 생각하는 모습이었습니다. 참으로 후리야 선생님은 아이들의 배움의 동반자인 것입니다.

이때의 일에 대해 후리야 선생님은 『연구자료집』에서 다음과

■일본의 마을에서 흔히 모시는 신으로 보행자의 안전을 돕는 신.

같이 말하고 있습니다.

나는 그 아이들과 함께 있으면서 어떤 종류의 신기한 느낌을 경험했다. 그것은 아이들이 민속학과 역사학이라는 커다란 세계 속에서 앎을 즐기고 있는 것처럼 보였던 것이다. 게다가 그 아이들의 모습을 보면서 나 자신도 야마나시 현의 지장보살신앙의 전승에 대해 생각하고 있었으며 즐기고 있었던 것이다. 내가 가르친 것을 아이들에게 이해시키려는 그런 느낌이 아니었다. 마치 아이들과 함께 낚시를 하고 있는 듯한 기분이랄까. 방과 후 아이들과 함께 고무공을 가지고 야구를 하고 있는 기분이었다.

❺ 자료를 토대로 한층 더 깊어 가는 탐구

아이들은 소문 때문에 지장보살이 퍼져 나갔다든가, 도소신처럼 퍼져 갔다라고 말했는데 아이들의 눈은 지장신앙이 어디에서 어떻게 퍼져 나갔을까에 향해 있었기 때문일 것입니다. 여기에서 후리야 선생님은 다음과 같이 질문을 계속합니다.

"지장보살 신앙은 어디에서 처음 시작되었을까?"

선생님은 이어서 이렇게 묻습니다.

"이걸 알기 위해서 무엇이 필요할까?"

아이들이 대답합니다. '자료', '관련된 책' 등. 한 아이가 "그 내용을 알고 있는 사람에게 물어봐요." 하고 말하자 "그거 선생님도 해 봤거든. 그런데 (어떤 사람도 처음 시작을 보았을 리가 없기 때문에) 잘 모른대."라며 인터뷰 조사만으로는 알 수 없었다고 말합니다. 그리고는 인쇄물 한 장씩을 각자에게 나눠 주었습니다.

"이 시대에 살고 있던 사람들의 일기 같은 것이 있으면 거기에 적혀 있을지도 몰라. 그런 기록물이 있었던 거야. 300년 전에 쓰인 것이 발견되었어요. 자, 여러분에게 나눠 줄게요."

그것은 에도 시대의 사료*로 4학년 아이들도 읽을 수 있도록 만든 것이었습니다.

탐구는 아이들에게 맡겨 놓기만 해서는 안 됩니다. 탐구에는 실마리(단서)가 필요합니다. 지금까지 아이들은 이미 배운 것을 토대로 탐구해 왔습니다. 하지만 그것만으로는 한계가 있습니다. 이처럼 민속학적, 역사학적인 탐구를 확실하게 진행해 가려면 그에 상응하는 자료가 필요합니다. 후리야 선생님은 아이들의 배움의 동반자로서 탐구를 즐기면서 아이들이 탐구를 계속해 나갈 수 있도록 자료를 미리 준비했던 것입니다. 그리고 그것

*여기서 구체적인 책명은 생략함.

이 아이들에게 필요하게 될 순간을 잘 판단하고 있었던 것입니다. 여기에 배움을 디자인하는 교사의 역할이 있습니다.

인쇄물을 받은 아이들은 재빨리 읽기 시작합니다. 그런 아이들에게 후리야 선생님이 지시합니다.

"혼자서는 못 읽어요. 모둠에서 함께 읽도록 해요."

아이들의 머리가 재빨리 모여듭니다. 서로 읽은 내용을 확인합니다. 학습 참가에 참여하고 있던 학부모도 같이 읽고 있습니다. 이렇게 해서 아이들은 4학년생으로서는 읽기 어려운 역사 자료의 내용을 파악해 가고 있습니다.

어느새 아이들은 생각지도 못한 사실을 접하게 됩니다. 그것은 지장보살을 기리는 행사에서 전염병이 돌았다는 것, 결과적으로 나쁜 일이 일어났다는 것입니다. 재미있었던 것은 한 아이가 그런 일이 생긴 것은 지장보살님이 늘 감사만 받는 일에 지쳤기 때문이라고 말한 것이었습니다. 이 말에 대해서도 후리야 선생님은 공감해 주었습니다.

"그거 우걸雨乞지장▪ 때와도 관련되는구나."

그러나 그런 기록과는 별개로 '축제의 행렬'이 키리모도키 마을에도 찾아갔다는 부분이 눈에 띄어 그 결과 이 마을에 지장

▪비를 부르는 신.

보살 축제가 열리게 되었다고 생각하는 아이가 나온 것입니다.

수업은 여기서 끝납니다. 후리야 선생님은 마지막에 한 번 더, 이 시간의 과제가 '왜 키리모도키 지역에 지장보살상이 만들어진 것일까'였다는 것을 확인합니다. 그리고 아이들에게 묻습니다.

"여러분 나름의 답이 나왔습니까?"

'자기 나름의 답'이라는 것은 아이들의 생각을 하나의 정리된 답으로 하지 않는다는 것입니다. 배움이나 탐구는 학급에서 한 가지로 모아지는 것이 아니라 각자의 마음속에서 생겨나는 것이라는 철학이 담겨 있는 것입니다. 아이들은 이날 집에 돌아가 꽤 많은 시간 동안 '코멘트(자신의 의견)'를 적겠지요. 거기에는 틀림없이 아이들 각자의 배움과 탐구의 궤적이 기록될 것입니다.

(3) '점프가 있는 배움'이 가능하려면 교사의 엄격함이 필요하다

쿠나도 소학교의 『연구기요』(교사들의 연구 결과를 기록한 자료집)를 읽고 '아 맞구나, 바로 그거야.' 하고 느낀 것이 있습니다. 그것은 몇 년 전부터 후리야 선생님의 실천을 보고 있는 어떤 사람이 "후리야 선생님은 아이들이 얕게 배운다든가 배우다 만다든가 하는 것에 대해 엄격했다."고 평가한 것이었습니다. 그것은 바로 '배우는 것은 학생이다.'라는 배움의 원칙을 관철시키면서도 아이들의 생각을 그대로 전부 받아들여도 된다는 것은 아니라는 것입니다. 즉, 애매하게 알거나 중도에 배움을 멈추지 않게 하는 것은 바로 '배우는 것은 결국 아이들'이라는 것을 한층 깊게 만드는 것이라는 생각에서 나온 것입니다.

물론 후리야 선생님이 함부로 아이들의 생각에 대해 엄격하게 대했을 리는 없습니다. 오해를 해서는 안 됩니다. 제가 말씀드렸던 배움의 모습에서도 알 수 있듯이 후리야 선생님은 아이들의 생각을 참으로 소중하게 듣고 있습니다. 아이들의 생각에 공감하면서 또 감동하며 듣고 있습니다. 그렇게 하지 않으면서 엄격하게 대하는 것은 있을 수 없습니다. 그러나 이만큼 생각해 낼 수 있는 아이들이니까 그 이상의 것을 해낼 수 있다는 가능성을 발견하면 애매한 채로 내버려 둘 수가 없는 것입니다. 그렇게 하면 '배움의 동반자'가 아니지 않습니까? 교사는 결코 배움의 방관자여서는 안 됩니다.

이렇게 생각한 저는 문득 후리야 선생님의 엄격함은 아이들에 대한 것 이전에 그 자신에 대한 것이라는 것을 깨달았습니다. 그는 민속학 연구에 있어서 한결같이 이러한 엄격한 태도를 유지해 왔던 것입니다. 후리야 선생님의 반에서 일어난 배움의 사실은 그의 '민속학' 연구에 기초해 과제를 설정함으로써 가능했지만 배움의 방법에 있어서는 모둠에 의한 협동적 배움에 많은 시간을 할애하고 있다는 특징이 있습니다. 후리야 선생님은 진정한 배움은 아이들 속에서 아이들과 함께하는 과정에서 생겨난다는 신념을 가지고 철저하고 일관되게 행동하고 있다는 것을 보여 줍니다. NHK 교육방송에서 방영된 오오코우치 소학교 교실의 모습은 이것이 한층 더 심화되어 교사가 임의로 설계한 모둠이라는 형식성을 넘어 참으로 자연스럽게 아이들이 함께 배우는 배움이 발전해 가고 있음을 느끼게 해 줍니다.

교사가 매력적인 과제를 제시하고 아이들이 협동적으로 배울 때 배움은 실현됩니다. 후리야 선생님은 이것을 우리에게 전하고 있습니다. 그러나 아이들이 서로 배우는 그것만으로는 배움이 깊어지지도 않을 뿐 아니라 배움의 매력도 생겨나지 않는다는 것도 확실히 보여 주고 있습니다.

배움의 참맛은, 알고 있다고 생각했던 것이 사실은 알지 못하고 있었던 것임을 깨닫고 더욱 깊이 탐구의 세계로 뛰어들 때 생겨나는 것입니다. 물론 그 과정에서 어려움도 맞닥뜨릴 것입니다. 계획대로 잘 진행되지 않고 정체될 때도 있을 것입니다. 그럴 때 아이들은 협동적 배움과 교사의 도움으로 극복해 가는 것입니다. 지금까지 생각지도 못한 것을 발견하는 순간 아이들의 배움의 희열은 어느 순간 최고에 달하게 됩니다.

그 중요한 시점에서 핵심은 바로 점프입니다. 이번 '바위 위의 지장보살상' 수업에서 아이들이 이 정도 깊이까지 배움에 도달한 것은 제재의 힘도 있었지만 후리야 선생님이 '점프'로 이끄는 물음을 던졌기 때문이라고 모두 느꼈을 것입니다.

어떤 교사도 '점프가 있는 배움'을 실현할 수 있습니다. 물론 쉽지는 않습니다. 전문적 소양을 지니고 장인과 같은 기능을 갈고닦지 않고는 가능하지 않습니다. 이것을 후리야 선생님은 실천을 통해 보여 주고 있습니다. 하지만 이를 위한 노력도, 실천도 해 보지 않고 안 될 거라고 해서는 안 됩니다. 중요한 것은 그 가능성을 향해 앞으로 나아가는 것입니다. 아이들의 빛나는 눈동자, 탐구의 기쁨은 그것을 향해 한 걸음 한 걸음 나아가는 교사의 노력에 달려 있습니다.

4장

학교가 '배움의 공동체'가 되기 위해서는

-후기를 대신하여

아이들과 교재, 수업에 대해 서로 이야기하고 경청하면서 교사는 성장한다.

'함께 배우는 배움'을 실현하기 위해, 또 그 배움을 심화시키기 위해서는 교사 개개인의 부단한 실천이 필수적입니다. 게다가 사전 계획을 중시하는 실천이 아니라 수업 후의 성찰에 힘을 쏟지 않으면 안 됩니다. 아무리 이론적인 내용을 배워서 세밀하게 계획을 세워도 그것만으로는 아무것도 이루어지지 않기 때문입니다. 사실은 지속적인 실천과 그 실천을 성찰하는 것이 필요합니다.

　　그러나 반성적 성찰을 통한 실천이 결실에 이르는 것은 쉽지 않습니다. 자신의 수업에 대해 언제라도 누구에게나 '보여 주는' 것은 끝이 없는 일이기 때문입니다. 자신의 수업을 공개하지 않으면 아무리 오랜 시간 수업을 돌아보아도 거기서 얻는 것이 별로 없기 때문입니다. 그러면 도대체 결실에 이르는 반성과 성찰은 어떻게 해야 가능할까요?

자신의 수업을 자신이 보는 것은 어려운 일입니다. 하지만 공개하지 않으면(보여 주려고 하지 않으면) '배움의 공동체'가 실현될 수 없습니다. 공개에 대한 두려움을 없애려면 타인을 신뢰할 수 있어야 합니다. 서로의 실천을 토대로 타자와 관계 속에서 교사는 교사로서의 전문성을 높여 '함께하는 배움'을 실현하고 또 심화시킬 수 있게 됩니다. 더 나아가서는 학교 전체의 교육의 질을 높일 수 있게 됩니다.

고마키시립小牧市立 코메노米野 소학교는 몇 년 전부터 '배움의 공동체' 학교 만들기에 착수해 왔던 학교입니다. 그 학교의 교무주임인 스기우라 요시카즈杉浦嘉一 씨가 2011년 학기가 끝나갈 무렵인 2월에 저에게 다음과 같은 메일을 보내 왔습니다 (그때 저는 코메노 소학교와 연락을 취하고 있었습니다).

배움의 공동체에 착수하면서 가장 큰 변화는 교무실의 분위기였습니다. 선생님들의 공통의 화제는 '수업'이 되었습니다. 연간 12회의 수업연구회를 통해 학년단위로 교재에 대한 연구 모임이 얼마나 자연스럽게 늘어났는지…… 서로 아이들에 대해 얘기하는 모습이 보였으며 수업연구 시간 외에도 서로 수업을 보는 시간이 얼마나 늘어났는지 모릅니다.

이러한 것들을 자발적으로 실천하는 교사들이 많다는 것이 코메노 소학교의 '배움의 공동체'라고 할 수 있으며 이것이 교사들 간의 동료성을 지지해 준다는 것을 절실히 느끼고 있습니다.

처음 연구를 시작했을 때는 제가 독려하지 않으면 좀처럼 하지 않던 교사들이 이제는 평소의 수업연구에서도 제가 요청하지 않아도 주초가 되면 지도안이 제 책상에 올라와 있기도 하고 주간일정표에 '수업을 보러 와 주세요.'라고 쓰여 있기도 하는 등 자진해서 수업을 공개하는 분위기가 형성되고 있습니다.

어느 교실에 들어가도 차분하게 배우는 학교, 바로 코메노 소학교입니다. 아무리 서로 배우는 교실 만들기를 목표로 한다 해도 수업 방법으로서밖에 실천하지 못하고 있는 학교에는 이 정도의 안정감이 생기지 않습니다. 코메노 소학교에서는 교사 자신이 서로 배우는 '교사들의 배움의 공동체'를 실현하고 있습니다. 연간 12회의 수업연구회가 최대의 원동력이지만 특히 중요한 것은 일상적인 연구 모임과 수업 공개입니다. 여기에는 좋은 수업, 모범적인 수업을 보여 주어야 한다는 방어적인 사고방식이 아닌, 있는 그대로의 자신을 바라보면서 전문성을 길러 간다는 긍정적인 생각이 모두에게 인식되어 있습니다. 이것은 아이들이 모르는 것과 탐구에 의해 서로 배우는 것이 가능해지는 것과 마찬가지입니다.

이처럼 쉽게 말하지만 배움의 공동체로서의 학교를 실현한다는 것은 대단한 일입니다. 수업 만들기는 아무리 설명에 설명을 거듭해도 끝이 없을 만큼 복잡하고 어렵습니다. 이 때문에 교사들은 늘 고민하고 헤매며 때로는 낙담하고 고독감에 휩싸이게 됩니다. 수업에 대한 구체적인 고민을 말하려면 자신을 속속들이 드러내지 않으면 안 됩니다. 이것은 말 그대로 쉬운 일이 아닙니다.

코메노 소학교에서는 스기우라 선생님이 말씀하고 계신 것들이 이루어지고 있습니다. 그리고 자연스럽게 코메노 소학교의 문화로 자리 잡아 가고 있습니다. 지금에 이르기까지 많은 어려움이 있었을 것입니다. 그리고 앞으로도 여러 가지 어려움에 직면할 것입니다. 하지만 코메노 소학교의 '학교 만들기'는 틀림없이 계속될 것입니다. 아이들의 변화가 그것을 지속시키는 힘의 원천이 될 것입니다.

제가 정년퇴직 후에도 아직까지 학교 방문을 계속하고 있는 것은 수업에 대해 조언을 하기 위해서가 아닙니다. 물론 수업이 학교교육의 가장 중심이니까 참관한 수업을 검토하는데 대부분의 시간을 쓰고 있기는 합니다. 하지만 이것은 교사 개개인에 대한 조언이기도 하지만 그 학교 교사들이 서로 연결되어 가도록 돕는 것입니다. 즉, 그 학교에서 교사들이 서로 수업을 만들어 갈 수 있도록 서로를 지지해 주는 동료성을 구축하는 것, 이것이 저의 가장 큰 목적입니다.

저희들 같은 외부 협력자의 방문을 그날뿐인 이벤트로 만드는 학교는 교육의 질을 높여 갈 수 없습니다. 중요한 것은 외부 협력자의 방문일 이외에도 평소 교사들이 서로 배우는 것입니다. 서로 배움으로써 자신을 성찰하는 것입니다.

이 책의 목적은 '아이들의 배움을 심화시키기 위한 것'입니다. 그렇지만 이 책을 읽는다고 해서 곧 실현할 수 있는 것은 아닙니다. 강한 인내심으로 도전하고, 그 도전을 반성함으로써 가능해지는 것입니다.

그러나 앞에서 말씀드렸다시피 혼자서 실천하는 것은 매우 어렵습니다. 필요한 것은 수업 만들기를 통해 길러진 동료성입니다. 학교가 '배움의 공동체'가 됨으로써 함께 배우는 아이들의 배움은 점점 깊이를 더해 가는 것입니다.

또 '함께 배우는 것'은 사람과 사람의 관계 속에서 형성되는 배움입니다. 여기에는 아이들이 살아갈 앞으로의 시대가 사람과 사람의 풍부한 관계 속에서 서로 협력하며 살아가는 시대였으면 하는 바람이 담겨 있습니다. 이처럼 '함께 배우는 배움'을 만들어 내는 것은 교사 각자와 또한 그런 교사들이 모인 학교입니다. 교사도 아이들도 나아가서는 학부모들도 참가하여 서로 존중하고 서로 관계하면서 '배움의 공동체'로서의 학교가 될 때 '아이들의 배움'도 깊이를 더해 가지 않겠습니까.

마지막으로 항상 많은 시사점을 주신 사토 마나부佐藤 学 교수님과 아키타 키요미秋田 喜代美 교수님**께 진심으로 감사드립니다. 두 분께 배운 것은 이루 말할 수 없을 정도입니다. 이 책의 많은 부분이 두 분께 배운 것들입니다. 또한 교사로서의 저와 외부 협력자로서의 저를 한결같이 지원해 주셨던 고故이나가키 타다히코稲垣忠彦 선생님, 진심으로 감사드립니다.

이 책이 출판되기까지 전의 작품에 이어 도움을 주신 세오리쇼보世織書房 출판사의 이토 아키노부伊藤晶宣 씨, 가도마츠 타카코門松貴子 씨, 고맙습니다. "이제 다음번 책 쓰셔야죠?"하고 요청하지 않았다면 저는 이 책을 시도하지 못했을지도 모릅니다. 언제나 저의 활동을 진심으로 멈춰 주셔서 감사합니다.

■ 도쿄대학교 교육학과 교수. 사토 마나부 교수와 많은 공동 연구를 하고 있으며 전국 각지의 학교를 방문하여 교사들과 협력하고 있다.

이 책이 '함께 배우는 배움'을 목표로 하는 많은 교사들에게 적게나마 힘이 되기를 기원합니다.

2012년 6월
이시이 쥰지

2006년 이우학교에서 교사로서의 새로운 출발을 하게 되었을 때 저를 기다리고 있던 또 하나의 충격과 감동은 사토 마나부 교수와 협력하여 학교 전체가 시행하고 있었던 '배움의 공동체'였습니다. 처음에는 멀리서 엿보며 따라 하다가 아이들이 달라지고 교사들이, 그리고 학교 문화가 바뀌는 것을 보며 '이건 진짜구나.' 하는 것을 깨달았습니다.

그 후 연구부에서 이론과 실천 연구를 주도하게 된 저는 배움의 공동체로서의 학교 만들기가 생각보다 쉽지 않다는 것을 알게 되었습니다. 몇 권 안 되는 책과 실천 경험이 거의 없던 당시의 학교들, 만일 교사들의 연구 의욕과 열정이 없었다면 지금처럼 정착되기는 어려웠을 것입니다.

문제는 2단계에 해당하는 '배움의 심화'였습니다. 수업과 수업 연구에서 도약이 필요했지만 구체적인 아이디어가 그려지지 않았습니다. 그때 우리보다 앞선 경험이 있는 일본의 학교들은 어떻게 해 왔을까 하는 생각이 떠올랐습니다. 수업과 수업연구에 관한 이론적 내용도 더 배워야겠다고 절실히 느꼈습니다.

작년에 교육청 지원으로 이러한 배움의 기회를 갖게 되었습니다. 도쿄대 대학원에 연구생으로 들어가 그동안 도움을 주셨던 사토 마나부佐藤 교수님과 수업연구 분야의 또 다른 대가大家 아키타 키요미秋田喜代美 교수님의 지도하에 그간의 많은 궁금증을 해소하게 되었고, 그분들 덕분에 거의 매주 일본의 학교를 방문해서 직접 배울 수 있었습니다.

그 과정에서 이 책의 저자처럼 교사로서 실천하다가 퇴임 후 슈퍼바이저로서 교사들과 협력하는 훌륭한 분들을 많이 만나게 되었습니다. 특히 사토 마사아키佐藤雅章 선생님, 네모토 쿄우코根本光子 선생님은 예전에 이우학교에도 오셨던 분들로 제게 많은 것을 가르쳐 주셨고 무엇보다 용기를 주신 분들입니다. 이 책을 번역한 것도 네모토 선생님의 조언 덕분이었습니다. 배움의 공동체를 실천하고 있는 교사들에게 꼭 필요한 책이니 번역해 보라고 하셨습니다. 특히 이 책은 배움의 공동체에 대해 어느 정도 알고 실천해 본 분들이 참고하시기에 알맞을 것입니다. 실천 과정에서 많은 의문이 생길 수밖에 없기 때문입니다.

저자인 이시이石井 선생님을 직접 뵙지는 못했으나 책을 통해 이분이야말로 '배움을 자기화'한 분이라고 느꼈습니다. 훌륭한 이론을 자신의 실천을 통해 검증하고 자기 언어를 통해 창조적으로 계승하였고 무엇보다 그것을 나누려 하는 저자에게 다시 한 번 감동과 감사의 마음을 전합니다. 일선 현장에서 배움의 공동체를 실천하는 슈퍼바이저의 저서로서 현재 한국어로 번역된 것은 이 책이 유일할 것입니다. 이 책이 일본의 배움의 공동체 실천에 대하여 알려 주는 참고서일 뿐만 아니라, 한국의 맥락에서 현장의 경험과 결합되고 재해석되어 수업연구와 수업에 관한 배움의 지평을 넓혀 가는 계기가 된다면 더 바랄 나위가 없겠습니다. 저자의 말처럼 아무쪼록 이 책이 많은 교사들에게 도움이 되고 또 용기를 주었으면 좋겠습니다.

끝으로 이 책의 번역은 초등학교 교사이자 현재 도쿄대 대학원 교육학연구과 석사과정을 밟고 계시는 이창희 선생님과 함께한 것으로, 각자 초등과 중등 수업 경험을 토대로 원서의 맥락을 살리려 노력하였으며 이후 수업에 대한 더 많은 이론서와 실천서를 함께 번역해 가기로 하였습니다.

또한 이 책의 출판에 애써 주신 살림터의 정광일 대표께도 감사의 말씀을 전합니다.

2014년 1월
옮긴이를 대표하여
방지현

삶의 행복을 꿈꾸는 교육은 어디에서 오는가?

미래 100년을 향한 새로운 교육 **혁신교육을 실천하는 교사들의 필독서**

▶ 교육혁명을 앞당기는 배움책 이야기
혁신교육의 철학과 잉걸진 미래를 만나다!

한국교육연구네트워크 총서

01 핀란드 교육혁명
한국교육연구네트워크 엮음 | 320쪽 | 값 15,000원

02 일제고사를 넘어서
한국교육연구네트워크 엮음 | 284쪽 | 값 13,000원

03 새로운 사회를 여는 교육혁명
한국교육연구네트워크 엮음 | 380쪽 | 값 17,000원

04 교장제도 혁명
한국교육연구네트워크 엮음 | 268쪽 | 값 14,000원

05 새로운 사회를 여는 교육자치 혁명
한국교육연구네트워크 엮음 | 312쪽 | 값 15,000원

06 혁신학교에 대한 교육학적 성찰
한국교육연구네트워크 엮음 | 308쪽 | 값 15,000원

07 진보주의 교육의 세계적 동향
한국교육연구네트워크 엮음 | 324쪽 | 값 17,000원
2018 세종도서 학술부문

08 더 나은 세상을 위한 학교혁명
한국교육연구네트워크 엮음 | 404쪽 | 값 21,000원
2018 세종도서 교양부문

혁신학교
성열관·이순철 지음 | 224쪽 | 값 12,000원

행복한 혁신학교 만들기
초등교육과정연구모임 지음 | 264쪽 | 값 13,000원

서울형 혁신학교 이야기
이부영 지음 | 320쪽 | 값 15,000원

혁신교육, 철학을 만나다
브렌트 데이비스·데니스 수마라 지음
현인철·서용선 옮김 | 304쪽 | 값 15,000원

혁신교육 존 듀이에게 묻다
서용선 지음 | 292쪽 | 값 14,000원

다시 읽는 조선 교육사
이만규 지음 | 750쪽 | 값 33,000원

대한민국 교육혁명
교육혁명공동행동 연구위원회 지음 | 224쪽 | 값 12,000원

한국교육연구네트워크 번역 총서

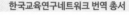

01 프레이리와 교육
존 엘리아스 지음 | 한국교육연구네트워크 옮김
276쪽 | 값 14,000원

02 교육은 사회를 바꿀 수 있을까?
마이클 애플 지음 | 강희룡·김선우·박원순·이형빈 옮김
356쪽 | 값 16,000원

03 비판적 페다고지는 세상을 변화시킬 수 있는가?
Seewha Cho 지음 | 심성보·조시화 옮김 | 280쪽 | 값 14,000원

04 마이클 애플의 민주학교
마이클 애플·제임스 빈 엮음 | 강희룡 옮김 | 276쪽 | 값 14,000원

05 21세기 교육과 민주주의
넬 나딩스 지음 | 심성보 옮김 | 392쪽 | 값 18,000원

06 세계교육개혁: 민영화 우선인가 공적 투자 강화인가?
린다 달링-해먼드 외 지음 | 심성보 외 옮김 | 408쪽 | 값 21,000원

07 콩도르세, 공교육에 관한 다섯 논문
니콜라 드 콩도르세 지음 | 이주환 옮김 | 300쪽 | 값 16,000원

대한민국 교사, 어떻게 가르칠 것인가?
윤성관 지음 | 320쪽 | 값 15,000원

아이들을 어떻게 가르칠 것인가
사토 마나부 지음 | 박찬영 옮김 | 232쪽 | 값 13,000원

모두를 위한 국제이해교육
한국국제이해교육학회 지음 | 364쪽 | 값 16,000원

경쟁을 넘어 발달 교육으로
현광일 지음 | 288쪽 | 값 14,000원

독일 교육, 왜 강한가?
박성희 지음 | 324쪽 | 값 15,000원

핀란드 교육의 기적
한넬레 니에미 외 엮음 | 장수명 외 옮김 | 456쪽 | 값 23,000원

한국 교육의 현실과 전망
심성보 지음 | 724쪽 | 값 35,000원

▶ 비고츠키 선집 시리즈
발달과 협력의 교육학 어떻게 읽을 것인가?

 생각과 말
레프 세묘노비치 비고츠키 지음
배희철·김용호·D. 켈로그 옮김 | 690쪽 | 값 33,000원

 도구와 기호
비고츠키·루리야 지음 | 비고츠키 연구회 옮김
336쪽 | 값 16,000원

 어린이 자기행동숙달의 역사와 발달 I
L.S. 비고츠키 지음 | 비고츠키 연구회 옮김
564쪽 | 값 28,000원

 어린이 자기행동숙달의 역사와 발달 II
L.S. 비고츠키 지음 | 비고츠키 연구회 옮김
552쪽 | 값 28,000원

 어린이의 상상과 창조
L.S. 비고츠키 지음 | 비고츠키 연구회 옮김
280쪽 | 값 15,000원

 비고츠키와 인지 발달의 비밀
A.R. 루리야 지음 | 배희철 옮김 | 280쪽 | 값 15,000원

 수업과 수업 사이
비고츠키 연구회 지음 | 196쪽 | 값 12,000원

 비고츠키의 발달교육이란 무엇인가?
비고츠키교육학실천연구모임 지음 | 412쪽 | 값 21,000원

 비고츠키 철학으로 본 핀란드 교육과정
배희철 지음 | 456쪽 | 값 23,000원

 성장과 분화
L.S. 비고츠키 지음 | 비고츠키 연구회 옮김
308쪽 | 값 15,000원

 연령과 위기
L.S. 비고츠키 지음 | 비고츠키 연구회 옮김
336쪽 | 값 17,000원

 의식과 숙달
L.S 비고츠키 | 비고츠키 연구회 옮김
348쪽 | 값 17,000원

 분열과 사랑
L.S. 비고츠키 지음 | 비고츠키 연구회 옮김
260쪽 | 값 16,000원

 성애와 갈등
L.S. 비고츠키 지음 | 비고츠키 연구회 옮김
268쪽 | 값 17,000원

 관계의 교육학, 비고츠키
진보교육연구소 비고츠키교육학실천연구모임 지음
300쪽 | 값 15,000원

 비고츠키 생각과 말 쉽게 읽기
진보교육연구소 비고츠키교육학실천연구모임 지음
316쪽 | 값 15,000원

 교사와 부모를 위한 비고츠키 교육학
카르포프 지음 | 실천교사번역팀 옮김 | 308쪽 | 값
15,000원

▶ 살림터 참교육 문예 시리즈
영혼이 있는 삶을 가르치는 온 선생님을 만나다!

 꽃보다 귀한 우리 아이는
조재도 지음 | 244쪽 | 값 12,000원

 성깔 있는 나무들
최은숙 지음 | 244쪽 | 값 12,000원

 아이들에게 세상을 배웠네
명혜정 지음 | 240쪽 | 값 12,000원

 밥상에서 세상으로
김흥숙 지음 | 280쪽 | 값 13,000원

 우물쭈물하다 끝난 교사 이야기
유기창 지음 | 380쪽 | 값 17,000원

 선생님이 먼저 때렸는데요
강병철 지음 | 248쪽 | 값 12,000원

 서울 여자, 시골 선생님 되다
조경선 지음 | 252쪽 | 값 12,000원

 행복한 창의 교육
최창의 지음 | 328쪽 | 값 15,000원

 북유럽 교육 기행
정애경 외 14인 지음 | 288쪽 | 값 14,000원

▶ 4·16, 질문이 있는 교실 마주이야기
통합수업으로 혁신교육과정을 재구성하다!

통하는 공부
김태호·김형우·이경석·심우근·허진만 지음
324쪽 | 값 15,000원

내일 수업 어떻게 하지?
아이함께 지음 | 300쪽 | 값 15,000원
2015 세종도서 교양부문

인간 회복의 교육
성래운 지음 | 260쪽 | 값 13,000원

교과서 너머 교육과정 마주하기
이윤미 외 지음 | 368쪽 | 값 17,000원

수업 고수들 수업·교육과정·평가를 말하다
박현숙 외 지음 | 368쪽 | 값 17,000원

도덕 수업, 책으로 묻고 윤리로 답하다
울산도덕교사모임 지음 | 320쪽 | 값 15,000원

체육 교사, 수업을 말하다
전용진 지음 | 304쪽 | 값 15,000원

교실을 위한 프레이리
아이러 쇼어 엮음 | 사람대사람 옮김 | 412쪽 | 값 18,000원

마을교육공동체란 무엇인가?
서용선 외 지음 | 360쪽 | 값 17,000원

교사, 학교를 바꾸다
정진화 지음 | 372쪽 | 값 17,000원

함께 배움
학생 주도 배움 중심 수업 이렇게 한다
니시카와 준 지음 | 백경석 옮김 | 280쪽 | 값 15,000원

공교육은 왜?
홍섭근 지음 | 352쪽 | 값 16,000원

자기혁신과 공동의 성장을 위한
교사들의 필리버스터
윤양수·원종희·장군·조경삼 지음 | 280쪽 | 값 14,000원

함께 배움 이렇게 시작한다
니시카와 준 지음 | 백경석 옮김 | 196쪽 | 값 12,000원

함께 배움 교사의 말하기
니시카와 준 지음 | 백경석 옮김 | 188쪽 | 값 12,000원

교육과정 통합, 어떻게 할 것인가?
성열관 외 지음 | 192쪽 | 값 13,000원

학교 혁신의 길, 아이들에게 묻다
남궁상운 외 지음 | 272쪽 | 값 15,000원

미래교육의 열쇠, 창의적 문화교육
심광현·노명우·강정석 지음 | 368쪽 | 값 16,000원

주제통합수업, 아이들을 수업의 주인공으로!
이윤미 외 지음 | 392쪽 | 값 17,000원

수업과 교육의 지평을 확장하는 수업 비평
윤양수 지음 | 316쪽 | 값 15,000원
2014 문화체육관광부 우수교양도서

교사, 선생이 되다
김태은 외 지음 | 260쪽 | 값 13,000원

교사의 전문성, 어떻게 만들어지나
국제교원노조연맹 보고서 | 김석규 옮김 392쪽 | 값 17,000원

수업의 정치
윤양수·원종희·장군 지음 | 280쪽 | 값 14,000원

학교협동조합,
현장체험학습과 마을교육공동체를 잇다
주수원 외 지음 | 296쪽 | 값 15,000원

거꾸로 교실,
잠자는 아이들을 깨우는 수업의 비밀
이민경 지음 | 280쪽 | 값 14,000원

교사는 무엇으로 사는가
정은균 지음 | 292쪽 | 값 15,000원

마음의 힘을 기르는 감성수업
조선미 외 지음 | 300쪽 | 값 15,000원

작은 학교 아이들
지경준 엮음 | 376쪽 | 값 17,000원

아이들의 배움은 어떻게 깊어지는가
이시이 준지 지음 | 방지현·이창희 옮김 | 200쪽 | 값 11,000원

대한민국 입시혁명
참교육연구소 입시연구팀 지음 | 220쪽 | 값 12,000원

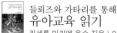
교사를 세우는 교육과정
박승열 지음 | 312쪽 | 값 15,000원

전국 17명 교육감들과 나눈
교육 대담
최창의 대담·기록 | 272쪽 | 값 15,000원

들뢰즈와 가타리를 통해
유아교육 읽기
리세롯 마리엣 올슨 지음 | 이연선 외 옮김 | 328쪽 | 값 17,000원

학교 민주주의의 불한당들
정은균 지음 | 276쪽 | 값 14,000원

프레이리의 사상과 실천
사람대사람 지음 | 352쪽 | 값 18,000원
2018 세종도서 학술부문

혁신학교, 한국 교육의 미래를 열다
송순재 외 지음 | 608쪽 | 값 30,000원

페다고지를 위하여
프레네의『페다고지 불변요소』읽기
박찬영 지음 | 296쪽 | 값 15,000원

노자와 탈현대 문명
홍승표 지음 | 284쪽 | 값 15,000원

선생님, 민주시민교육이 뭐예요?
염경미 지음 | 244쪽 | 값 15,000원

어쩌다 혁신학교
유우석 외 지음 | 380쪽 | 값 17,000원

미래, 교육을 묻다
정광필 지음 | 232쪽 | 값 15,000원

대학, 협동조합으로 교육하라
박주희 외 지음 | 252쪽 | 값 15,000원

입시, 어떻게 바꿀 것인가?
노기원 지음 | 306쪽 | 값 15,000원

촛불시대, 혁신교육을 말하다
이용관 지음 | 240쪽 | 값 15,000원

라운드 스터디
이시이 데루마사 외 엮음 | 224쪽 | 값 15,000원

미래교육을 디자인하는 학교교육과정
박승열 외 지음 | 348쪽 | 값 18,000원

흥미진진한 아일랜드 전환학년 이야기
제리 제퍼스 지음 | 최상덕·김호원 옮김 | 508쪽 | 값 27,000원

폭력 교실에 맞서는 용기
따돌림사회연구모임 학급운영팀 지음 | 272쪽 | 값 15,000원

그래도 혁신학교
박은혜 지음 | 248쪽 | 값 15,000원

학교는 어떤 공동체인가?
성열관 외 지음 | 228쪽 | 값 15,000원

교사 전쟁
다나 골드스타인 지음 | 유성상 외 옮김 | 468쪽 | 값 23,000원

교육과정, 수업, 평가의 일체화
리사 카터 지음 | 박승열 외 옮김 | 196쪽 | 값 13,000원

학교를 개선하는 교장
지속가능한 학교 혁신을 위한 실천 전략
마이클 풀란 지음 | 서동연·정효준 옮김 | 216쪽 | 값 13,000원

공자뎐, 논어는 이것이다
유문상 지음 | 392쪽 | 값 18,000원

**교사와 부모를 위한
발달교육이란 무엇인가?**
현광일 지음 | 380쪽 | 값 18,000원

교사, 이오덕에게 길을 묻다
이무완 지음 | 328쪽 | 값 15,000원

낙오자 없는 스웨덴 교육
레이프 스트란드베리 지음 | 변광수 옮김 | 208쪽 | 값 13,000원

끝나지 않은 마지막 수업
장석웅 지음 | 328쪽 | 값 20,000원

경기꿈의학교
진흥섭 외 지음 | 360쪽 | 값 17,000원

학교를 말한다
이성우 지음 | 292쪽 | 값 15,000원

행복도시 세종, 혁신교육으로 디자인하다
곽순일 외 지음 | 392쪽 | 값 18,000원

나는 거꾸로 교실 거꾸로 교사
류광모·임정훈 지음 | 212쪽 | 값 13,000원

교실 속으로 간 이해중심 교육과정
온정덕 외 지음 | 224쪽 | 값 13,000원

교실, 평화를 말하다
따돌림사회연구모임 초등우정팀 지음 | 268쪽 | 값 15,000원

학교자율운영 2.0
김용 지음 | 240쪽 | 값 15,000원

학교자치를 부탁해
유우석 외 지음 | 252쪽 | 값 15,000원

국제이해교육 페다고지
강순원 외 지음 | 256쪽 | 값 15,000원

▶ 교과서 밖에서 만나는 역사 교실
상식이 통하는 살아 있는 역사를 만나다

전봉준과 동학농민혁명
조광환 지음 | 336쪽 | 값 15,000원

교과서 밖에서 배우는 역사 공부
정은교 지음 | 292쪽 | 값 14,000원

남도의 기억을 걷다
노성태 지음 | 344쪽 | 값 14,000원

팔만대장경도 모르면 빨래판이다
전병철 지음 | 360쪽 | 값 16,000원

응답하라 한국사 1·2
김은석 지음 | 356쪽·368쪽 | 각권 값 15,000원

빨래판도 잘 보면 팔만대장경이다
전병철 지음 | 360쪽 | 값 16,000원

즐거운 국사수업 32강
김남선 지음 | 280쪽 | 값 11,000원

영화는 역사다
강성률 지음 | 288쪽 | 값 13,000원

즐거운 세계사 수업
김은석 지음 | 328쪽 | 값 13,000원

친일 영화의 해부학
강성률 지음 | 264쪽 | 값 15,000원

강화도의 기억을 걷다
최보길 지음 | 276쪽 | 값 14,000원

한국 고대사의 비밀
김은석 지음 | 304쪽 | 값 13,000원

광주의 기억을 걷다
노성태 지음 | 348쪽 | 값 15,000원

조선족 근현대 교육사
정미량 지음 | 320쪽 | 값 15,000원

**선생님도 궁금해하는
한국사의 비밀 20가지**
김은석 지음 | 312쪽 | 값 15,000원

다시 읽는 조선근대교육의 사상과 운동
윤건차 지음 | 이명실·심성보 옮김 | 516쪽 | 값 25,000원

걸림돌
키르스텐 세룹-빌펠트 지음 | 문봉애 옮김
248쪽 | 값 13,000원

음악과 함께 떠나는 세계의 혁명 이야기
조광환 지음 | 292쪽 | 값 15,000원

역사수업을 부탁해
열 사람의 한 걸음 지음 | 388쪽 | 값 18,000원

논쟁으로 보는 일본 근대교육의 역사
이명실 지음 | 324쪽 | 값 17,000원

진실과 거짓, 인물 한국사
하성환 지음 | 400쪽 | 값 18,000원

다시, 독립의 기억을 걷다
노성태 지음 | 320쪽 | 값 16,000원

우리 역사에서 사라진 근현대 인물 한국사
하성환 지음 | 296쪽 | 값 18,000원

한국사 리뷰
김은석 지음 | 244쪽 | 값 15,000원

▶ 창의적인 협력 수업을 지향하는 삶이 있는 국어 교실
우리말 글을 배우며 세상을 배운다

중학교 국어 수업 어떻게 할 것인가?
김미경 지음 | 340쪽 | 값 15,000원

토론의 숲에서 나를 만나다
명혜정 엮음 | 312쪽 | 값 15,000원

토닥토닥 토론해요
명혜정·이명선·조선미 엮음 | 288쪽 | 값 15,000원

인문학의 숲을 거니는 토론 수업
순천국어교사모임 엮음 | 308쪽 | 값 15,000원

어린이와 시
오인태 지음 | 192쪽 | 값 12,000원

수업, 슬로리딩과 함께
박경숙 외 지음 | 268쪽 | 값 15,000원

▶ 더불어 사는 정의로운 세상을 여는 인문사회과학
사람의 존엄과 평등의 가치를 배운다

밥상혁명
강양구·강이현 지음 | 298쪽 | 값 13,800원

좌우지간 인권이다
안경환 지음 | 288쪽 | 값 13,000원

도덕 교과서 무엇이 문제인가?
김대용 지음 | 272쪽 | 값 14,000원

민주시민교육
심성보 지음 | 544쪽 | 값 25,000원

자율주의와 진보교육
조엘 스프링 지음 | 심성보 옮김 | 320쪽 | 값 15,000원

민주시민을 위한 도덕교육
심성보 지음 | 500쪽 | 값 25,000원
2015 세종도서 학술부문

민주화 이후의 공동체 교육
심성보 지음 | 392쪽 | 값 15,000원
2009 문화체육관광부 우수학술도서

교과서 밖에서 배우는 인문학 공부
정은교 지음 | 280쪽 | 값 13,000원

갈등을 넘어 협력 사회로
이창언·오수길·유문종·신윤관 지음 | 280쪽 | 값 15,000원

오래된 미래교육
정재걸 지음 | 392쪽 | 값 18,000원

동양사상과 마음교육
정재걸 외 지음 | 356쪽 | 값 16,000원
2015 세종도서 학술부문

대한민국 의료혁명
전국보건의료산업노동조합 엮음 | 548쪽 | 값 25,000원

교과서 밖에서 배우는 철학 공부
정은교 지음 | 280쪽 | 값 14,000원

교과서 밖에서 배우는 고전 공부
정은교 지음 | 288쪽 | 값 14,000원

교과서 밖에서 배우는 사회 공부
정은교 지음 | 304쪽 | 값 15,000원

전체 안의 전체 사고 속의 사고
김우창의 인문학을 읽다
현광일 지음 | 320쪽 | 값 15,000원

교과서 밖에서 배우는 윤리 공부
정은교 지음 | 292쪽 | 값 15,000원

카스트로, 종교를 말하다
피델 카스트로·프레이 베토 대담 | 조세종 옮김
420쪽 | 값 21,000원

한글 혁명
김슬옹 지음 | 388쪽 | 값 18,000원

일제강점기 한국철학
이태우 지음 | 448쪽 | 값 25,000원

우리 안의 미래교육
정재걸 지음 | 484쪽 | 값 25,000원

한국 교육 제4의 길을 찾다
이길상 지음 | 400쪽 | 값 21,000원

▶ 평화샘 프로젝트 매뉴얼 시리즈
학교폭력에 대한 근본적인 예방과 대책을 찾는다

학교폭력 어떻게 만들어지는가
문재현 외 지음 | 300쪽 | 값 14,000원

아이들을 살리는 동네
문재현·신동명·김수동 지음 | 204쪽 | 값 10,000원

학교폭력, 멈춰!
문재현 외 지음 | 348쪽 | 값 15,000원

평화! 행복한 학교의 시작
문재현 외 지음 | 252쪽 | 값 12,000원

왕따, 이렇게 해결할 수 있다
문재현 외 지음 | 236쪽 | 값 12,000원

마을에 배움의 길이 있다
문재현 지음 | 208쪽 | 값 10,000원

젊은 부모를 위한 백만 년의 육아 슬기
문재현 지음 | 248쪽 | 값 13,000원

별자리, 인류의 이야기 주머니
문재현·문한뫼 지음 | 444쪽 | 값 20,000원

우리는 마을에 산다
유양우·신동명·김수동·문재현 지음 | 312쪽 | 값 15,000원

동생아, 우리 뭐 하고 놀까?
문재현 외 지음 | 280쪽 | 값 15,000원

▶ 남북이 하나 되는 두물머리 평화교육
분단 극복을 위한 치열한 배움과 실천을 만나다

10년 후 통일
정동영·지승호 지음 | 328쪽 | 값 15,000원

선생님, 통일이 뭐예요?
정경호 지음 | 252쪽 | 값 13,000원

분단시대의 통일교육
성래운 지음 | 428쪽 | 값 18,000원

김창환 교수의 DMZ 지리 이야기
김창환 지음 | 264쪽 | 값 15,000원

한반도 평화교육 어떻게 할 것인가
이기범 외 지음 | 252쪽 | 값 15,000원

▶ 출간 예정

참된 삶과 교육에 관한
생각 줍기